BLOCKCHAIN REVOLUTION: DIE ZUKUNFT DES FINANZWESENS OHNE BANKEN

Kapitel 4: Auswirkungen auf das traditionelle Bankwesen
Disruption durch Blockchain
Reduzierung von Kosten und Effizienzsteigerungen
Chancen und Risiken für Banken

Kapitel 5: Regulierung und rechtliche Aspekte
Herausforderungen bei der Regulierung von Blockchain
Rechtliche Implikationen für Finanzdienstleister
Entwicklungen in der internationalen Gesetzgebung

Kapitel 6: Die Zukunft der Finanzbranche ohne Banken
Potenzial für Finanzinclusion
Neue Geschäftsmodelle und Akteure
Technologische Entwicklungen und Trends

Kapitel 7: Fallstudien
Erfolgreiche Implementierungen von Blockchain im Finanzsektor
Misserfolge und Lehren aus der Praxis

Kapitel 8: Risiken und Sicherheit
Technologische Risiken
Sicherheitsaspekte von Blockchain
Umgang mit Betrug und Hacks

Kapitel 9: Fazit
Zusammenfassung der wichtigsten Erkenntnisse
Ausblick auf die Zukunft von Blockchain im Finanzwesen
Handlungsempfehlungen für Finanzdienstleister

Anhang
Glossar von Fachbegriffen
Ressourcen und weiterführende Literatur
Interviewausschnitte und Expertenmeinungen

Einleitung

Die Finanzbranche steht vor einer Revolution, angetrieben durch eine bahnbrechende Technologie - die Blockchain. In den letzten Jahren hat sich diese innovative Technologie, die einst als Grundlage für Kryptowährungen wie Bitcoin galt, zu einem disruptiven Kraftwerk entwickelt, das die traditionellen Strukturen des Bankwesens in Frage stellt. Dieses Buch wirft einen faszinierenden Blick auf die Zukunft des Finanzwesens, in der die Blockchain die Rolle der Banken herausfordert und transformative Veränderungen herbeiführt.

Hintergrund der Finanzbranche

Die Finanzbranche, als eine der ältesten und grundlegendsten Säulen der Wirtschaft, hat im Laufe der Zeit eine komplexe Struktur entwickelt, die auf Vertrauen, Intermediation und zentralisierten Institutionen basiert. Traditionelle Banken und Finanzdienstleister spielen eine entscheidende Rolle bei der Vermittlung von Geldflüssen, der Bereitstellung von Krediten und der Sicherung von Vermögenswerten. Diese Institutionen haben über die Jahrhunderte hinweg Vertrauen aufgebaut, aber gleichzeitig auch ihre eigenen Herausforderungen und Unzulänglichkeiten offenbart.

Die Zentralisierung des Finanzwesens hat dazu geführt, dass

Banken als Mittelsmänner in finanziellen Transaktionen agieren, was mit längeren Abwicklungszeiten, höheren Kosten und einem erhöhten Risiko für Betrug einhergeht. Darüber hinaus sind viele Menschen weltweit von traditionellen Bankdienstleistungen ausgeschlossen, sei es aufgrund mangelnder Infrastruktur oder unzureichender finanzieller Historie.

Die Globalisierung und die ständige Weiterentwicklung der Technologie haben die Schwächen des bestehenden Systems weiter verdeutlicht. Sicherheitsbedenken, insbesondere im Zeitalter von Cyberkriminalität, sowie die steigende Nachfrage nach schnellen und kostengünstigen Transaktionen haben den Bedarf an innovativen Lösungen verstärkt.

In diesem Kontext nimmt die Blockchain-Technologie eine herausragende Stellung ein. Ihr dezentralisierter Charakter und ihre Fähigkeit, Vertrauen durch Transparenz und Unveränderlichkeit zu schaffen, könnten das traditionelle Finanzwesen in seinen Grundfesten erschüttern. Das Verständnis dieser Hintergründe ist entscheidend, um die potenziellen Auswirkungen der Blockchain auf die Finanzbranche vollständig zu erfassen und die damit verbundenen Chancen und Herausforderungen zu verstehen.

Aufstieg der Blockchain-Technologie

Der Aufstieg der Blockchain-Technologie markiert einen Wendepunkt in der Welt der Finanzinnovation. Ursprünglich konzipiert als Grundlage für digitale Kryptowährungen, hat sich die Blockchain zu einem faszinierenden Paradigmenwechsel entwickelt, der weit über den Bereich von Bitcoin hinausreicht. Ihr Ursprung liegt in der Idee, einen dezentralen, sicheren und transparenten Datenspeicher zu schaffen, der ohne Intermediäre auskommt.

Die Geburtsstunde der Blockchain kann auf das Jahr 2008 zurückverfolgt werden, als der mysteriöse Entwickler (oder die Entwicklergruppe) Satoshi Nakamoto das Bitcoin-Whitepaper veröffentlichte. Dieses Dokument präsentierte erstmals das Konzept einer dezentralen, kryptografisch gesicherten Datenstruktur - der Blockchain. Die Blockchain fungiert als verteiltes Hauptbuch, in dem Transaktionen in Blöcken gesammelt und durch komplexe kryptografische Algorithmen miteinander verknüpft werden.

Die erste Anwendung dieser bahnbrechenden Technologie war die Schaffung von Bitcoin als digitale Währung. Bitcoin sollte eine Alternative zu herkömmlichen Währungen bieten, die unabhängig von zentralen Behörden und Banken funktioniert. Der Erfolg von Bitcoin ebnete den Weg für eine Vielzahl von Kryptowährungen und demonstrierte gleichzeitig das enorme Potenzial der zugrunde liegenden Blockchain-Technologie.

Im Laufe der Jahre erkannten Innovatoren und Unternehmen in verschiedenen Branchen die vielseitigen Anwendungen der Blockchain. Die Technologie wurde von einem reinen Zahlungssystem zu einem Werkzeug für sichere und transparente Datenspeicherung, intelligenten Verträgen (Smart Contracts) und dezentralen Finanzdienstleistungen (DeFi). Die Blockchain entwickelte sich zu einem Eckpfeiler für Innovationen, die über die Finanzwelt hinausgehen und zahlreiche Sektoren wie Logistik, Gesundheitswesen und Versicherungen beeinflussen.

Der Aufstieg der Blockchain-Technologie spiegelt die Suche nach Alternativen zu zentralisierten Systemen wider und öffnet Türen zu neuen Möglichkeiten. Dieses Kapitel wird die transformative Reise der Blockchain von ihrem Ursprung bis zu ihrer gegenwärtigen Rolle als Treiber von Innovation und Veränderung in der Finanzbranche beleuchten.

KAPITEL 1:
GRUNDLAGEN DER
BLOCKCHAIN

Die Grundlagen der Blockchain bilden das Fundament für ihre transformative Kraft im Finanzsektor und darüber hinaus. Um die Auswirkungen dieser Technologie vollständig zu verstehen, ist es essenziell, sich mit den grundlegenden Prinzipien vertraut zu machen, die die Blockchain ausmachen.

Was ist Blockchain?

Die Blockchain, im Kern eine revolutionäre Form der dezentralen Datenverwaltung, hat die Art und Weise, wie wir Transaktionen und Informationen speichern, verändern und übertragen können, grundlegend umgestaltet. Eine Blockchain ist eine digitale, verteilte Datenbank, die aus miteinander verketteten Blöcken besteht. Jeder Block enthält eine Liste von Transaktionen, und diese Blöcke sind durch kryptografische Hash-Funktionen miteinander verbunden.

Die Dezentralisierung ist ein zentrales Konzept der Blockchain. Im Gegensatz zu herkömmlichen, zentralisierten Datenbanken, die von einer einzigen Stelle oder Institution kontrolliert werden, wird die Blockchain von einem Netzwerk gleichberechtigter

Teilnehmer, auch als Knoten bezeichnet, verwaltet. Jeder Knoten in diesem Netzwerk hat eine Kopie der gesamten Blockchain, was zu einer erhöhten Sicherheit führt, da es keine zentrale Angriffsfläche gibt.

Die Verkettung der Blöcke erfolgt durch das Einbeziehen des Hashes des vorherigen Blocks in jeden neuen Block. Ein Hash ist eine kryptografische Funktion, die eine eindeutige Zeichenkette erzeugt. Durch diese Verkettung wird die Integrität der gesamten Blockchain gewährleistet, da eine nachträgliche Manipulation eines Blocks die gesamte Kette beeinflussen würde.

Die Blockchain-Technologie ermöglicht auch die Verifikation von Transaktionen durch Konsensmechanismen im Netzwerk. Ob durch Mining (Proof-of-Work) oder Zustimmung der Mehrheit (Proof-of-Stake), die Validierung einer Transaktion erfolgt durch das Einverständnis der Teilnehmer. Neue Blöcke werden hinzugefügt, wenn die Teilnehmer im Netzwerk die Richtigkeit einer Transaktion bestätigen.

Insgesamt zeichnet sich die Blockchain durch ihre Dezentralisierung, Unveränderlichkeit und Transparenz aus. Informationen, die einmal in einem Block gespeichert sind, können nicht rückgängig gemacht oder manipuliert werden. Diese Eigenschaften schaffen Vertrauen in das System und haben die Tür zu zahlreichen Anwendungen in verschiedenen Branchen weit über den Finanzsektor hinaus geöffnet.

Wie funktioniert die Blockchain-Technologie?

Die Funktionsweise der Blockchain-Technologie ist fundamental für ihre Einzigartigkeit und ihre Fähigkeit, Vertrauen ohne einen zentralen Vermittler aufzubauen. Wenn eine Transaktion durchgeführt wird, wird sie in einem neuen Block zusammengefasst, der dann an die vorhandene Kette angehängt wird. Dieser Prozess erfolgt durch kryptografische Hash-Funktionen, die sicherstellen, dass jeder Block durch einen eindeutigen Code, den sogenannten Hash, mit dem vorherigen Block verknüpft ist.

Die Verkettung der Blöcke durch Hashes bildet das Rückgrat der Unveränderlichkeit der Blockchain. Da jeder Block den Hash des vorherigen Blocks enthält, würde eine nachträgliche Änderung oder Manipulation eines einzelnen Blocks den gesamten Verlauf der Kette beeinflussen, was nahezu unmöglich ist, ohne die Zustimmung der Mehrheit im Netzwerk.

Die Validierung von Transaktionen innerhalb der Blockchain erfolgt durch Konsensmechanismen. Beispielsweise verwendet das Proof-of-Work-Verfahren, das von Bitcoin implementiert wird, komplexe mathematische Rätsel, die von Minern gelöst werden müssen, um neue Blöcke hinzuzufügen. Dieser Wettbewerb um das Lösen der Rätsel schafft Sicherheit und Vertrauen, da die Manipulation eines Blocks extrem ressourcenintensiv wäre.

Alternativ dazu steht das Proof-of-Stake-Verfahren, bei dem Transaktionen von denjenigen verifiziert werden, die bereits eine gewisse Menge der Kryptowährung besitzen. Dieser Ansatz setzt auf das Prinzip, dass Personen mit einem finanziellen Interesse an der Integrität des Systems weniger wahrscheinlich betrügerische Absichten haben

Zusammenfassend ermöglicht die Blockchain-Technologie eine dezentrale und sichere Verwaltung von Transaktionen durch die Anwendung von Kryptografie und Konsensmechanismen. Diese grundlegenden Funktionsprinzipien haben nicht nur den Weg für Kryptowährungen geebnet, sondern dienen auch als Grundlage für eine Vielzahl von Anwendungen in verschiedenen Sektoren, die auf Transparenz, Unveränderlichkeit und Vertrauen setzen.

Kryptowährungen als Treiber für die Blockchain

Kryptowährungen, allen voran Bitcoin, haben eine Schlüsselrolle bei der Popularisierung und Akzeptanz der Blockchain-Technologie gespielt. Die Geburt von Bitcoin im Jahr 2009 durch den pseudonymen Schöpfer Satoshi Nakamoto markierte den Beginn einer neuen Ära digitaler Währungen, die auf der dezentralen Struktur der Blockchain basiert.

1. Bitcoin als Pionier

Bitcoin wurde als elektronisches Peer-to-Peer-Zahlungssystem konzipiert, das es ermöglicht, Transaktionen ohne die Notwendigkeit eines zentralen Vermittlers abzuwickeln. Die Blockchain diente dabei als öffentliches Hauptbuch, das alle Transaktionen transparent und unveränderlich dokumentiert. Dieser Ansatz eliminierte die Abhängigkeit von Banken und Regierungen, wodurch grenzüberschreitende Zahlungen schneller und kostengünstiger abgewickelt werden konnten.

2. Kryptowährungen als Anwendungsfälle

Der Erfolg von Bitcoin eröffnete die Tür für eine Vielzahl von weiteren Kryptowährungen, die auf unterschiedliche Anwendungsfälle abzielten. Ethereum beispielsweise führte den Einsatz von Smart Contracts ein, programmierbaren Verträgen, die automatisch ausgeführt werden, wenn vordefinierte Bedingungen erfüllt sind. Diese intelligente Vertragsfunktionalität erweiterte die Einsatzmöglichkeiten der Blockchain über reine Zahlungen hinaus.

3. Dezentrale Finanzdienstleistungen (DeFi)

Ein weiterer bedeutender Treiber für die Blockchain sind dezentrale Finanzdienstleistungen (DeFi). DeFi-Plattformen ermöglichen es den Nutzern, Finanzdienstleistungen wie Kredite, Kreditvergabe und Handel ohne traditionelle Finanzintermediäre zu nutzen. Die Blockchain fungiert hier als Grundlage für diese dezentralen Systeme, die mehr Inklusion und finanzielle Unabhängigkeit bieten.

4. Tokenisierung von Vermögenswerten

Die Tokenisierung von Vermögenswerten ist ein weiterer bedeutender Einsatzbereich von Kryptowährungen und Blockchain. Durch die Abbildung von realen Vermögenswerten wie Immobilien oder Kunst in digitale Tokens können diese leichter gehandelt und geteilt werden. Dies schafft eine

effizientere und liquide Form von Vermögenswerten.
Kryptowährungen haben somit die Entwicklung und Akzeptanz der Blockchain-Technologie vorangetrieben, indem sie innovative Anwendungsfälle ermöglichten und die Grundlage für dezentrale Systeme schufen. In den folgenden Kapiteln werden wir weiter in die Anwendungen der Blockchain im Finanzsektor eintauchen und ihre Auswirkungen auf traditionelle Banken untersuchen.

KAPITEL 2: DIE HERAUSFORDERUNG EN DES TRADITIONELLEN BANKWESENS

Die traditionelle Bankenlandschaft sieht sich einer Vielzahl von Herausforderungen gegenüber, die durch technologische Fortschritte und gesellschaftliche Veränderungen verstärkt werden. Diese Herausforderungen verdeutlichen die Notwendigkeit für Innovation und Transformation im Finanzsektor, um mit den sich wandelnden Bedürfnissen der Verbraucher und den neuen Möglichkeiten der Technologie Schritt zu halten.

Zentralisierte Systeme und deren Schwächen

Das traditionelle Bankwesen operiert in zentralisierten Systemen, die durch die Konzentration von Finanzaktivitäten und -dienstleistungen bei wenigen Intermediären charakterisiert sind. Dieses zentralisierte Modell bringt mehrere Schwächen mit sich, die die Effizienz, Kostenstruktur und Transparenz des

Finanzsektors beeinträchtigen.

Eine der hervorstechendsten Schwächen ist die Verlangsamung von Transaktionen durch längere Abwicklungszeiten. In einem zentralisierten System erfordert jede Finanztransaktion eine Reihe von Validierungs- und Abstimmungsschritten zwischen verschiedenen Intermediären, was zu Verzögerungen führt. Diese längeren Abwicklungszeiten stehen im Widerspruch zu den wachsenden Erwartungen der Verbraucher nach schnellen und nahtlosen Transaktionen.

Die zentralisierte Natur des traditionellen Bankwesens geht auch mit höheren Kosten einher. Banken, als zentrale Vermittler, erheben Gebühren für Dienstleistungen wie Überweisungen, Kreditvergabe und Kontoführung. Diese Kosten, die oft auf den Endverbraucher abgewälzt werden, können finanzielle Hürden schaffen und den Zugang zu Finanzdienstleistungen für bestimmte Bevölkerungsgruppen erschweren.

Die Komplexität und Ineffizienz zentralisierter Systeme sind eine weitere Schwäche. Die Notwendigkeit, Informationen zwischen verschiedenen Parteien zu koordinieren, erhöht die Anfälligkeit für menschliche Fehler und Intransparenz. Dies führt nicht nur zu einem komplizierten Abwicklungsprozess, sondern erschwert auch die Rückverfolgbarkeit von Transaktionen.

Mangelnde Transparenz ist ein weiteres Problem in zentralisierten Systemen. Kunden haben oft begrenzten Zugang zu Echtzeitinformationen über ihre Transaktionen, und die Offenlegung von Informationen über Finanzinstrumente kann beschränkt sein. Dieser Mangel an Transparenz kann das Vertrauen in das Bankensystem beeinträchtigen.

Die Abhängigkeit von Intermediären verstärkt diese Schwächen zusätzlich. Traditionelle Banken sind stark auf verschiedene Finanzintermediäre angewiesen, sei es bei der Abwicklung von Transaktionen, der Überprüfung von Identitäten oder der Bereitstellung von Krediten. Diese Abhängigkeit erhöht nicht nur die Kosten, sondern schafft auch potenzielle Engpässe und Verzögerungen.

In Anbetracht dieser Schwächen suchen Innovationen im

Finanzsektor nach Lösungen, die die Effizienz steigern und gleichzeitig die Sicherheit und Transparenz erhöhen können. Die Blockchain-Technologie stellt eine vielversprechende Möglichkeit dar, diese Herausforderungen zu bewältigen, indem sie dezentrale, transparente und effiziente Systeme ermöglicht. In den folgenden Abschnitten werden wir genauer untersuchen, wie die Blockchain diese Schwächen angehen kann und welche Auswirkungen dies auf das traditionelle Bankwesen haben könnte.

Risiken von Banken und Finanzinstituten

Das traditionelle Bankwesen und Finanzinstitute stehen einer Vielzahl von Risiken gegenüber, die ihre Stabilität und Effizienz beeinträchtigen können. Diese Risiken spiegeln die Komplexität und Vernetzung des Finanzsystems wider und erfordern von den Institutionen eine fortlaufende Anpassung an sich ändernde Bedingungen.

Die erste und vielleicht prominenteste Kategorie von Risiken betrifft das Kreditrisiko. Banken vergeben Kredite an Individuen, Unternehmen und andere Finanzinstitutionen, und die Rückzahlung dieser Kredite ist von zahlreichen Faktoren abhängig, einschließlich der Wirtschaftslage, der Zinssätze und der finanziellen Gesundheit der Kreditnehmer. Unerwartete Ausfälle können zu erheblichen Verlusten führen und die finanzielle Stabilität der Banken gefährden.

Operationelle Risiken stellen eine weitere Herausforderung dar. Diese Risiken umfassen mögliche Störungen der Geschäftsprozesse, technologische Ausfälle, menschliche Fehler und Cyberangriffe. Die zunehmende Digitalisierung hat die Anfälligkeit für Cyberkriminalität erhöht, wodurch sensible Kundendaten gefährdet und die Integrität der Finanzsysteme bedroht wird.

Marktrisiken resultieren aus Veränderungen in den Finanzmärkten, die den Wert von Vermögenswerten beeinflussen können. Zinsänderungen, Wechselkursschwankungen und andere Marktvolatilitäten können zu finanziellen Verlusten führen, insbesondere wenn Finanzinstitute nicht adäquat auf diese Entwicklungen vorbereitet sind.

Liquiditätsrisiken sind ebenfalls von Bedeutung. Banken müssen in der Lage sein, kurzfristige Verpflichtungen zu erfüllen, selbst wenn es zu unerwarteten Mittelabflüssen kommt. Eine unzureichende Liquidität kann das Funktionieren der Banken behindern und im schlimmsten Fall zu Zahlungsausfällen führen. Schließlich können systemische Risiken das gesamte Finanzsystem beeinträchtigen. Diese Risiken entstehen, wenn eine Störung in einem Teil des Finanzsystems Auswirkungen auf andere Bereiche hat. Eine Kettenreaktion von Ausfällen könnte sich durch das gesamte Bankensystem verbreiten und zu erheblichen wirtschaftlichen Turbulenzen führen.

Die Komplexität und Interkonnektivität dieser Risiken unterstreichen die Notwendigkeit für eine sorgfältige Risikomanagementstrategie seitens der Banken und Finanzinstitute. Blockchain-Technologien könnten in diesem Kontext als Werkzeug zur Verbesserung von Effizienz, Sicherheit und Transparenz dienen, indem sie Prozesse vereinfachen und gleichzeitig das Vertrauen in das Finanzsystem stärken. In den folgenden Abschnitten werden wir genauer untersuchen, wie die Blockchain dazu beitragen kann, diese Risiken zu mindern und das traditionelle Bankwesen zu transformieren.

Notwendigkeit für Veränderung und Innovation

Die sich rasant entwickelnde Technologie und veränderte Kundenbedürfnisse haben eine klare Notwendigkeit für Veränderung und Innovation im traditionellen Bankwesen geschaffen. Banken stehen vor der Herausforderung, ihre Geschäftsmodelle zu überdenken und sich den neuen Realitäten anzupassen, um wettbewerbsfähig zu bleiben und den sich wandelnden Erwartungen ihrer Kunden gerecht zu werden.

Eine treibende Kraft für diese Notwendigkeit ist die Digitalisierung. Die zunehmende Verlagerung von physischen zu digitalen Transaktionen erfordert eine Anpassung der Banken, um nahtlose, benutzerfreundliche und sichere digitale Dienstleistungen anzubieten. Kunden erwarten heute einen bequemen Zugang zu ihren Finanzmitteln, schnelle Überweisungen und innovative Produkte, die ihren digitalen Lebensstil widerspiegeln.

Ein weiterer Faktor, der die Veränderung vorantreibt, ist der wachsende Wettbewerb durch Fintech-Unternehmen und neue Marktteilnehmer. Diese innovativen Akteure bieten spezialisierte Dienstleistungen an, die oft agiler, kosteneffizienter und kundenorientierter sind als traditionelle Bankangebote. Banken sind daher gezwungen, ihre Strukturen zu optimieren und Innovationen zu fördern, um mit diesen aufkommenden Konkurrenten mithalten zu können.

Die steigenden Erwartungen in Bezug auf Sicherheit und Datenschutz sind ebenfalls ein wichtiger Treiber für Veränderungen im Bankwesen. Kunden sind sensibler gegenüber Datenschutzfragen geworden, insbesondere in einer Ära von zunehmenden Cyberbedrohungen. Banken müssen daher in fortschrittliche Sicherheitsmaßnahmen investieren, um das Vertrauen ihrer Kunden zu wahren und Datenschutzstandards zu erfüllen.

Die sich verändernde demografische Landschaft trägt ebenfalls zur Notwendigkeit von Innovationen bei. Die jüngeren Generationen, die mit digitalen Technologien aufgewachsen sind, suchen nach flexiblen, personalisierten Finanzlösungen, die ihre individuellen Bedürfnisse und Werte widerspiegeln. Banken müssen sich darauf einstellen, um Kundenloyalität zu gewinnen und langfristige Beziehungen aufzubauen.

In diesem dynamischen Umfeld eröffnen sich durch Technologien wie Blockchain neue Möglichkeiten. Die Dezentralisierung, Transparenz und Effizienz der Blockchain könnten dazu beitragen, einige der traditionellen Schwächen des Bankwesens zu überwinden und innovative Lösungen zu schaffen. Banken, die diese Notwendigkeit für Veränderung erkennen und bereit sind, sich den Herausforderungen zu stellen, können die Chancen nutzen, um ihre Position im Finanzmarkt zu stärken und den Bedürfnissen der modernen Gesellschaft gerecht zu werden.

KAPITEL 3:
BLOCKCHAIN-
ANWENDUNGEN
IM FINANZSEKTOR

Die Blockchain-Technologie hat das Potenzial, den Finanzsektor grundlegend zu transformieren, indem sie Effizienz, Sicherheit und Transparenz in traditionelle Finanzprozesse einbringt. Im Folgenden werden einige Schlüsselanwendungen der Blockchain im Finanzsektor betrachtet.

Kryptowährungen und digitale Zahlungen

Kryptowährungen und digitale Zahlungen haben die Finanzlandschaft revolutioniert, indem sie eine dezentrale Alternative zu traditionellen Währungen und Zahlungssystemen bieten. Die treibende Kraft hinter dieser Transformation ist die Blockchain-Technologie, die als öffentliches Hauptbuch für alle Transaktionen dient und eine sichere, transparente und unveränderliche Aufzeichnung ermöglicht.

Die bekannteste Kryptowährung, Bitcoin, hat als Pionier den Weg für eine neue Form der Wertaufbewahrung und -übertragung geebnet. Durch die Nutzung von kryptografischen Prinzipien ermöglicht Bitcoin peer-to-peer-Transaktionen, bei denen keine zentrale Behörde oder Bank als Vermittler fungiert. Dies reduziert die Abhängigkeit von traditionellen Finanzinstituten und ermöglicht es Benutzern, direkte Kontrolle über ihre digitalen Vermögenswerte zu haben.

Die Blockchain ermöglicht nicht nur die Schöpfung von Kryptowährungen, sondern auch die Entwicklung verschiedener Zahlungsprotokolle. Ethereum, eine der führenden Plattformen, erweitert die Funktionalität von digitalen Zahlungen durch die Einführung von Smart Contracts. Diese intelligenten Verträge automatisieren Transaktionen und Abläufe basierend auf vordefinierten Bedingungen, was eine Vielzahl von Anwendungen von dezentralen Finanzdienstleistungen (DeFi) bis hin zu tokenisierten Vermögenswerten ermöglicht.

Die Vorteile von Kryptowährungen und digitalen Zahlungen sind vielfältig. Die Transaktionen sind in der Regel schneller und kostengünstiger, insbesondere bei internationalen Überweisungen. Die Dezentralisierung führt zu einer größeren finanziellen Inklusion, da Menschen ohne Zugang zu herkömmlichen Bankdienstleistungen nun digitale Zahlungen nutzen können. Darüber hinaus bieten Kryptowährungen eine erhöhte Sicherheit durch die Verwendung von kryptografischen Technologien.

Trotz dieser Fortschritte stehen Kryptowährungen auch vor Herausforderungen. Die Preisvolatilität, regulatorische Unsicherheiten und Sicherheitsbedenken sind Themen, die die breite Akzeptanz und Integration beeinflussen können. Dennoch haben Kryptowährungen eine neue Ära der Finanzinnovation eingeläutet, die die Art und Weise, wie Werte übertragen und gehandelt werden, grundlegend verändert. Die zunehmende Akzeptanz und Integration in bestehende Finanzsysteme könnten die Zukunft des digitalen Zahlungsverkehrs weiterhin gestalten.

Smart Contracts

Smart Contracts, eine bahnbrechende Anwendung der Blockchain-Technologie, revolutionieren die Art und Weise, wie Verträge geschlossen und durchgeführt werden. Diese selbstausführenden Verträge sind algorithmische Programme, die auf der Blockchain ausgeführt werden und automatisch spezifische Aktionen auslösen, wenn vordefinierte Bedingungen erfüllt sind.

Die Blockchain bietet eine dezentrale und unveränderliche Datenbank, die als perfektes Umfeld für Smart Contracts dient. Diese intelligenten Verträge sind darauf ausgelegt, menschliche Intermediäre zu eliminieren, die oft in traditionellen Vertragsabschlüssen involviert sind. Durch die Automatisierung von Vertragsbedingungen können Smart Contracts Effizienz, Transparenz und Kostenersparnisse in verschiedenen Branchen bieten.

Ein exemplarisches Anwendungsgebiet für Smart Contracts ist der Finanzsektor. Bei der Vergabe von Krediten können Smart Contracts automatisch Zinssätze anpassen oder Zahlungen einleiten, basierend auf vordefinierten Kreditbedingungen. Im Versicherungsbereich können sie Schadensfälle automatisch auslösen und Entschädigungen verteilen, wenn bestimmte Bedingungen erfüllt sind.

In der Lieferkette können Smart Contracts den gesamten Prozess von der Produktion bis zur Auslieferung optimieren. Wenn vordefinierte Meilensteine erreicht werden, könnten Zahlungen automatisch freigegeben werden, und der Fortschritt könnte transparent auf der Blockchain verfolgt werden.

Die Vorteile von Smart Contracts erstrecken sich über Effizienzgewinne hinaus. Durch ihre Dezentralisierung bieten sie eine höhere Sicherheit, da die Daten auf der Blockchain kryptografisch gesichert sind und nicht leicht manipuliert werden können. Gleichzeitig ermöglichen sie eine höhere Transparenz, da alle Vertragsbedingungen und -abwicklungen für die Teilnehmer sichtbar sind.

Trotz dieser Vorteile stehen Smart Contracts vor

Herausforderungen, darunter die Klärung rechtlicher Fragen, Sicherheitsbedenken und die Notwendigkeit standardisierter Protokolle. Dennoch bieten sie eine vielversprechende Perspektive für die Automatisierung von Vertragsprozessen und könnten die Art und Weise, wie Geschäfte abgewickelt werden, grundlegend verändern. Mit zunehmender Integration und Akzeptanz könnten Smart Contracts eine Schlüsselrolle in der Zukunft der globalen Wirtschaft spielen.

Dezentrale Finanzdienstleistungen (DeFi)

Dezentrale Finanzdienstleistungen (DeFi) repräsentieren eine wegweisende Entwicklung im Finanzsektor, die durch die Blockchain-Technologie ermöglicht wird. Im Kern handelt es sich dabei um Finanzdienstleistungen, die ohne die Notwendigkeit traditioneller Intermediäre wie Banken operieren und stattdessen auf Smart Contracts und dezentralen Protokollen basieren.

Eine der zentralen Säulen von DeFi ist die Schaffung von Finanzinstrumenten und Dienstleistungen, die auf der Blockchain ausgeführt werden. Dies reicht von Krediten und Vermögensverwaltung bis hin zu Handelsplattformen und Zahlungsnetzwerken. Durch die Nutzung von Smart Contracts werden diese Dienstleistungen automatisiert, was zu Effizienzsteigerungen und geringeren Kosten führt.

Ein herausragender Aspekt von DeFi ist die Möglichkeit für jeden, unabhängig von geografischer Lage oder traditionellem Bankenzugang, an diesen Finanzdienstleistungen teilzunehmen. Die Dezentralisierung ermöglicht es Benutzern, direkt mit den Protokollen zu interagieren und Vermögenswerte zu verwalten, ohne auf eine zentrale Autorität angewiesen zu sein.

Ein prominentes Beispiel für DeFi-Anwendungen sind dezentrale Kreditplattformen. Diese ermöglichen es Benutzern, Kredite zu vergeben oder aufzunehmen, ohne dass eine traditionelle Bank als Vermittler agiert. Die Bedingungen, Zinssätze und Rückzahlungsmodalitäten werden durch Smart Contracts automatisch festgelegt und durchgeführt.

Ein weiterer Bereich von DeFi umfasst dezentrale Börsen (DEX), die den Handel von Kryptowährungen direkt zwischen Benutzern ermöglichen. Dies eliminiert die Notwendigkeit eines Intermediärs und bietet eine erhöhte Liquidität sowie eine nahtlose Handelserfahrung.

Trotz der innovativen Potenziale von DeFi stehen auch Herausforderungen im Vordergrund. Die Sicherheit von Smart Contracts, regulatorische Unsicherheiten und die Frage der Benutzerfreundlichkeit sind Aspekte, die es zu überwinden gilt. Dennoch zeigt der rapide Aufstieg von DeFi-Plattformen, dass eine wachsende Gemeinschaft von Nutzern und Entwicklern die Chancen in dieser neuen Finanzlandschaft erkennt.

Insgesamt repräsentiert DeFi eine disruptive Kraft, die die Art und Weise, wie Finanzdienstleistungen erbracht werden, in Frage stellt. Die Dezentralisierung verspricht eine demokratischere Finanzwelt, in der finanzielle Chancen für eine breitere Bevölkerungsschicht zugänglich sind. Der Weg zu einer breiten Akzeptanz und Integration in traditionelle Finanzsysteme ist jedoch noch in der Entwicklung und wird von verschiedenen Akteuren innerhalb und außerhalb des Sektors intensiv diskutiert.

Tokenisierung von Vermögenswerten

Die Tokenisierung von Vermögenswerten ist ein innovativer Anwendungsfall der Blockchain-Technologie, der die traditionellen Grenzen der Finanzmärkte aufbricht. Diese fortschrittliche Methode ermöglicht die Abbildung von realen Vermögenswerten, wie Immobilien, Kunstwerken oder Unternehmensanteilen, in digitale Token auf der Blockchain.

Die Grundidee besteht darin, Vermögenswerte in digitale Einheiten zu zerlegen, die als Tokens repräsentiert werden. Diese Tokens werden dann auf einer Blockchain platziert, die als verteiltes und unveränderliches Hauptbuch dient. Jedes Token repräsentiert einen Bruchteil des zugrunde liegenden

Vermögenswerts und kann in der Regel in Echtzeit gehandelt werden.

Ein entscheidender Vorteil der Tokenisierung liegt in der Erhöhung der Liquidität von Vermögenswerten. Traditionell illiquide Anlagen, wie beispielsweise Immobilien, werden durch die Zerlegung in handelbare Tokens zugänglicher und können einfacher zwischen Investoren gehandelt werden. Dies ermöglicht eine breitere Beteiligung an Vermögenswerten, die zuvor nur für eine begrenzte Anzahl von Investoren zugänglich waren.

Die Blockchain bietet dabei nicht nur Transparenz und Sicherheit, sondern auch die Möglichkeit, die Eigentumsverhältnisse in Echtzeit zu verfolgen. Jeder Token-Transfer wird auf der Blockchain aufgezeichnet, was einen klaren und nachvollziehbaren Verlauf der Eigentumsübertragungen ermöglicht.

Tokenisierung findet Anwendung in verschiedenen Bereichen. Im Immobiliensektor ermöglicht sie Investitionen in Bruchteile von Gebäuden oder Grundstücken. In der Kunstwelt können Kunstwerke in digitale Tokens umgewandelt werden, was eine demokratisierte Teilhabe an Kunstinvestitionen fördert.

Darüber hinaus eröffnet die Tokenisierung auch neue Finanzierungsmöglichkeiten für Unternehmen. Die Ausgabe von Security Tokens, die Anteile an einem Unternehmen repräsentieren, ermöglicht es Firmen, Kapital auf innovative Weise von einer breiten Investorenbasis zu beschaffen.

Obwohl die Tokenisierung von Vermögenswerten vielversprechend ist, stehen auch Herausforderungen im Vordergrund. Dazu gehören regulatorische Unsicherheiten, die Notwendigkeit standardisierter Protokolle und die Gewährleistung von Sicherheit und Datenschutz. Dennoch wird die Tokenisierung weiterhin als ein bedeutender Schritt in Richtung einer effizienteren, zugänglicheren und globalisierten Finanzwelt betrachtet.

Cross-Border-Zahlungen

Die Blockchain-Technologie hat einen erheblichen Einfluss auf den Bereich der grenzüberschreitenden Zahlungen, indem sie neue Möglichkeiten zur Effizienzsteigerung und Kostenreduktion bietet. Herkömmliche Methoden für internationale Überweisungen sind oft von langen Abwicklungszeiten, hohen Gebühren und Währungsumrechnungskosten geprägt. Die Blockchain verspricht, diese Herausforderungen zu bewältigen und grenzüberschreitende Transaktionen schneller, kostengünstiger und transparenter zu gestalten.

Die Dezentralisierung der Blockchain ermöglicht es, Intermediäre wie Banken bei grenzüberschreitenden Zahlungen zu umgehen. Traditionell erfordern internationale Transaktionen mehrere Intermediäre, um die Währungsumrechnung und Abwicklung zu erleichtern. Die Blockchain ermöglicht es, diese Prozesse zu automatisieren und direkt zwischen den beteiligten Parteien abzuwickeln.

Die Verwendung von Kryptowährungen wie Bitcoin für internationale Überweisungen ist ein herausragendes Beispiel. Durch die Nutzung der Blockchain-Technologie können Teilnehmer grenzüberschreitende Transaktionen durchführen, ohne auf traditionelle Banken oder Währungsumrechnungsdienstleister angewiesen zu sein. Dies führt zu schnelleren Abwicklungszeiten und reduzierten Gebühren im Vergleich zu traditionellen Methoden.

Ein weiterer Ansatz sind Stablecoins, Kryptowährungen, die an stabile Vermögenswerte wie Fiatwährungen oder Rohstoffe gekoppelt sind. Stablecoins bieten die Möglichkeit, den Wert der Überweisung konstant zu halten, um Währungsschwankungen zu vermeiden. Diese digitalen Assets ermöglichen es den Nutzern, den Wert von Transaktionen über Ländergrenzen hinweg zu stabilisieren.

Die Transparenz der Blockchain trägt zur Verbesserung der Integrität von grenzüberschreitenden Zahlungen bei. Da alle Transaktionen auf der Blockchain verzeichnet werden und für die beteiligten Parteien sichtbar sind, wird das Vertrauen in den Transaktionsprozess gestärkt. Dies ist besonders relevant in Regionen, in denen Vertrauen in herkömmliche Bankensysteme eingeschränkt ist.

Trotz dieser vielversprechenden Vorteile stehen auch Herausforderungen im Zusammenhang mit regulatorischen Rahmenbedingungen und der Integration von Blockchain-Technologien in bestehende Zahlungsinfrastrukturen im Vordergrund. Dennoch eröffnet die Nutzung der Blockchain für grenzüberschreitende Zahlungen ein Potenzial zur Neugestaltung des internationalen Finanzsystems und bietet eine vielversprechende Perspektive für eine effizientere und global vernetzte Zahlungsumgebung.

KYC (Know Your Customer) und Identitätsmanagement

Die Blockchain-Technologie revolutioniert nicht nur finanzielle Transaktionen, sondern auch den Bereich des Identitätsmanagements und der KYC (Know Your Customer)-Verfahren. KYC ist ein wesentlicher Bestandteil der Compliance in verschiedenen Branchen, insbesondere im Finanzsektor, und dient dazu, die Identität von Kunden zu verifizieren, Geldwäsche zu verhindern und die Einhaltung rechtlicher Vorschriften sicherzustellen.

Die Blockchain bietet eine vielversprechende Lösung für Herausforderungen im Zusammenhang mit KYC und Identitätsmanagement. Eine dezentrale Identitätsinfrastruktur auf der Blockchain ermöglicht es Benutzern, die Kontrolle über ihre persönlichen Daten zurückzugewinnen und sie sicher und verschlüsselt zu speichern. Dieses selbstverwaltete Identitätsmodell gibt Benutzern die Befugnis, selektiv Informationen zu teilen und gleichzeitig ihre Privatsphäre zu wahren.

Ein zentrales Merkmal der Blockchain im Bereich des Identitätsmanagements ist die Unveränderlichkeit der Daten. Einmal auf der Blockchain gespeicherte Identitätsinformationen können nicht ohne Zustimmung des Eigentümers geändert oder manipuliert werden. Dies erhöht die Integrität der Identitätsdaten und reduziert das Risiko von Identitätsdiebstahl und Betrug.

KYC-Verfahren können durch die Blockchain automatisiert und effizienter gestaltet werden. Benutzer können ihre Identität einmal auf der Blockchain verifizieren lassen und dann bei Bedarf diese Informationen sicher und schnell mit verschiedenen Diensteanbietern teilen. Dies führt zu einem reibungslosen Onboarding-Prozess und reduziert die Notwendigkeit, dieselben Informationen wiederholt bereitzustellen.

Die dezentrale Natur der Blockchain reduziert auch das Risiko von zentralen Datenbanken, die anfällig für Hacks und Datenschutzverletzungen sind. Indem persönliche Daten auf verteilten Knoten gespeichert werden, wird das Risiko eines einzelnen Angriffspunkts minimiert, und die Sicherheit der Identitätsinformationen wird gestärkt.

Trotz dieser vielversprechenden Aspekte stehen Herausforderungen bevor, darunter die Notwendigkeit einer breiten Akzeptanz von dezentralen Identitätsstandards, die Einhaltung von Datenschutzbestimmungen und die Integration mit bestehenden Systemen. Die Weiterentwicklung von Blockchain-gestützten KYC- und Identitätsmanagement-Lösungen eröffnet jedoch ein Potenzial für mehr Sicherheit, Datenschutz und Benutzerkontrolle in der digitalen Identitätslandschaft.

Insgesamt bietet die Blockchain-Technologie eine Vielzahl von Anwendungsfällen im Finanzsektor, die von der Vereinfachung von Zahlungsprozessen bis zur Demokratisierung des Zugangs zu Finanzdienstleistungen reichen. Die Integration dieser Anwendungen kann dazu beitragen, die Effizienz zu steigern, Kosten zu senken und gleichzeitig die Sicherheit und Transparenz im Finanzsektor zu erhöhen.

KAPITEL 4: AUSWIRKUNGEN AUF DAS TRADITIONELLE BANKWESEN

Die Einführung und wachsende Akzeptanz von Blockchain-Technologien haben tiefgreifende Auswirkungen auf das traditionelle Bankwesen. Diese Veränderungen betreffen nicht nur die technologische Infrastruktur, sondern auch die grundlegenden Geschäftsmodelle und die Interaktion mit Kunden. Im Folgenden werden einige der maßgeblichen Auswirkungen beleuchtet

Dezentralisierung und Disintermediation

Die Dezentralisierung, ein fundamentales Prinzip der Blockchain-Technologie, hat bedeutende Auswirkungen auf das traditionelle Bankwesen und seine etablierte Vermittlerrolle. Durch die Implementierung von Smart Contracts und dezentralen Protokollen ermöglicht die Blockchain direkte peer-to-peer-Transaktionen zwischen Teilnehmern, ohne die Notwendigkeit von traditionellen Intermediären wie Banken. Dieser Paradigmenwechsel in Richtung Dezentralisierung und Disintermediation hat verschiedene Auswirkungen:

Peer-to-Peer-Transaktionen: Die Blockchain ermöglicht es Benutzern, Vermögenswerte direkt zwischen sich zu übertragen, ohne auf eine Bank als Vermittler angewiesen zu sein. Dies reduziert die Abhängigkeit von traditionellen Finanzinstitutionen und schafft ein neues Maß an Unabhängigkeit für die Teilnehmer.

Dezentrale Kreditplattformen: DeFi-Plattformen, die auf der Blockchain basieren, ermöglichen es Benutzern, Kredite ohne die Zwischenschaltung von Banken aufzunehmen oder zu vergeben. Smart Contracts automatisieren den Kreditprozess, indem sie Zinssätze, Rückzahlungsbedingungen und andere Parameter festlegen. Dies fördert eine direkte Peer-to-Peer-Kreditvergabe.

Tokenisierung von Vermögenswerten: Durch die Tokenisierung können Vermögenswerte wie Immobilien oder Kunstwerke in digitale Tokens umgewandelt werden, die direkt zwischen Benutzern gehandelt werden können. Dies führt zu einer Entmachtung von Vermittlern und schafft einen effizienteren, direkten Handel von Vermögenswerten.

Reduktion von Vermittlerkosten: Dezentrale Systeme minimieren die Notwendigkeit von Vermittlern und reduzieren dadurch die Kosten für Finanzdienstleistungen. Dies könnte zu einer Wettbewerbsverschiebung führen, da alternative Finanzdienstleister ohne die Kosten traditioneller Bankstrukturen agieren können.

Trotz dieser vielversprechenden Vorteile stehen auch Herausforderungen im Raum. Die Dezentralisierung erfordert eine Neudefinition von Vertrauen und Sicherheitsstandards, da traditionelle Strukturen durch algorithmische Protokolle ersetzt werden. Zudem müssen regulatorische Rahmenbedingungen angepasst werden, um den dezentralen Charakter der Blockchain zu berücksichtigen.

Insgesamt verändert die Dezentralisierung und Disintermediation durch die Blockchain die grundlegende Struktur des Bankwesens, indem sie die Mittelsmänner herausfordert und direkte, transparente Interaktionen zwischen den Teilnehmern ermöglicht. Wie traditionelle Banken auf diese Veränderungen reagieren, wird maßgeblich darüber entscheiden, wie sie in einer zunehmend dezentralisierten Finanzwelt positioniert sind.

Effizienzsteigerung und Kostenreduktion

Die Blockchain-Technologie hat das Potenzial, das traditionelle Bankwesen durch erhebliche Effizienzsteigerungen und Kostenreduktionen zu transformieren. Die Implementierung von Smart Contracts und dezentralen Protokollen ermöglicht eine Automatisierung von Prozessen, die historisch gesehen zeitaufwändig und kostenintensiv waren. Hier sind einige Schlüsselaspekte dieser Veränderungen:

Automatisierung von Transaktionsprozessen: Durch Smart Contracts auf der Blockchain können Transaktionsprozesse automatisiert werden. Vertragsbedingungen werden in Code eingebettet, und die Ausführung erfolgt automatisch, sobald vordefinierte Bedingungen erfüllt sind. Dies beschleunigt den Abwicklungsprozess erheblich, reduziert menschliche Fehler und minimiert Verzögerungen.

Schnelle grenzüberschreitende Zahlungen: Die Blockchain ermöglicht schnelle und kostengünstige grenzüberschreitende Zahlungen, indem sie die traditionellen Intermediäre und deren Abwicklungssysteme umgeht. Transaktionen können nahezu in Echtzeit durchgeführt werden, was die Abhängigkeit von veralteten internationalen Zahlungsnetzwerken verringert und Kosten reduziert.

Verwaltung von Identitäten und KYC-Prozessen: Die dezentrale Natur der Blockchain ermöglicht es, Identitäten sicher zu verwalten und KYC-Prozesse effizienter zu gestalten. Benutzer können ihre Identität einmal auf der Blockchain verifizieren lassen und diese Informationen dann sicher mit verschiedenen Diensteanbietern teilen, ohne sie wiederholt bereitzustellen.

Kostenreduktion durch Dezentralisierung: Die Dezentralisierung führt zu einer Reduzierung von Vermittlern und Intermediären, was die Kosten für Finanztransaktionen erheblich senken kann. Banken könnten durch den Wegfall von Mittelsmännern in der Wertschöpfungskette effizienter arbeiten und somit Kosten einsparen.

Minimierung von Abrechnungsfehlern: Die Unveränderlichkeit der Daten auf der Blockchain minimiert das Risiko von Abrechnungsfehlern. Jede Transaktion wird auf der Blockchain gespeichert und kann von allen relevanten Parteien überprüft werden, was zu größerer Transparenz und Genauigkeit führt.

Obwohl diese Effizienzgewinne vielversprechend sind, sind auch Herausforderungen zu bewältigen. Dazu gehören die Anpassung von Mitarbeitern an neue Technologien, die Gewährleistung von Sicherheit und Datenschutz sowie die Integration von Blockchain-Systemen in bestehende Bankinfrastrukturen. Dennoch bieten die Aussichten auf Effizienzsteigerung und Kostenreduktion einen starken Anreiz für Banken, die Potenziale der Blockchain-Technologie zu erforschen und zu nutzen.

Neue Geschäftsmodelle und Finanzdienstleistungen

Die Blockchain-Technologie hat nicht nur bestehende Finanzmodelle optimiert, sondern auch die Entstehung völlig neuer Geschäftsmodelle und Finanzdienstleistungen ermöglicht. Diese innovativen Ansätze tragen dazu bei, die Bandbreite der verfügbaren Finanzprodukte zu erweitern und die Art und Weise, wie Dienstleistungen erbracht werden, zu transformieren.

Dezentrale Finanzdienstleistungen (DeFi): Ein herausragendes Beispiel für neue Geschäftsmodelle sind Dezentrale Finanzdienstleistungen (DeFi). Diese Plattformen nutzen Smart Contracts und dezentrale Protokolle, um traditionelle Finanzdienstleistungen wie Kredite, Vermögensverwaltung und Handel ohne die Notwendigkeit von Intermediären wie Banken anzubieten. DeFi schafft somit eine offene und zugängliche Finanzinfrastruktur, die von jedem mit Internetzugang genutzt werden kann.

Tokenisierung von Vermögenswerten: Die Blockchain ermöglicht die Tokenisierung von realen Vermögenswerten wie Immobilien, Kunstwerken und Unternehmen. Durch die Umwandlung dieser Vermögenswerte in digitale Tokens können sie effizienter gehandelt werden. Dies schafft neue Möglichkeiten für Investitionen, da Anleger nun Bruchteile von Vermögenswerten erwerben können, die zuvor schwer zugänglich waren.

Crowdfunding über Token: Blockchain-basierte Token eröffnen innovative Ansätze für Crowdfunding. Startups können Token an Investoren ausgeben, die dann nicht nur Kapital bereitstellen, sondern auch einen Anteil an den zukünftigen Gewinnen oder Vorteilen des Projekts erhalten. Dies ermöglicht eine breitere Beteiligung und demokratisiert den Investitionsprozess.

Stablecoins und digitale Währungen: Die Einführung von Stablecoins, die an stabile Vermögenswerte wie Fiatwährungen oder Rohstoffe gebunden sind, schafft neue Möglichkeiten für digitale Zahlungen und Wertaufbewahrung. Diese digitalen Währungen ermöglichen es Benutzern, den Wert ihrer Vermögenswerte zu stabilisieren und erleichtern den Übergang zwischen Krypto- und traditionellen Währungen.

Digitale Identitätsdienste: Blockchain ermöglicht innovative

Ansätze im Bereich des Identitätsmanagements. Selbstverwaltete digitale Identitäten auf der Blockchain können die Verwaltung von persönlichen Daten erleichtern und gleichzeitig die Sicherheit und Datenschutz gewährleisten. Neue Dienstleistungen könnten entstehen, die die sichere Überprüfung von Identitäten für verschiedene Zwecke ermöglichen.

Diese neuen Geschäftsmodelle und Finanzdienstleistungen bringen nicht nur Innovationen in die Finanzbranche, sondern bieten auch Chancen für finanzielle Inklusion, effizientere Märkte und eine demokratischere Teilhabe an finanziellen Ressourcen. Trotz dieser vielversprechenden Entwicklungen sind jedoch auch Herausforderungen zu überwinden, darunter regulatorische Anpassungen, Sicherheitsfragen und die Schaffung von Vertrauen in neue Technologien. Die fortschreitende Integration dieser Modelle wird die Finanzlandschaft weiter prägen und die Weichen für die Zukunft der Finanzdienstleistungen stellen.

Die Einführung der Blockchain-Technologie bringt eine Vielzahl von Herausforderungen für die traditionelle Sicherheitsinfrastruktur mit sich. Während die Blockchain als eine sichere und unveränderliche Datenbank gilt, erfordert die Integration dieser Technologie in bestehende Systeme und Geschäftsmodelle sorgfältige Überlegungen und Anpassungen auf dem Gebiet der Sicherheit. Einige der bedeutendsten Herausforderungen sind:

Neuartige Angriffsvektoren: Die Dezentralisierung und der öffentliche Charakter der Blockchain eröffnen neue Angriffsvektoren. Kriminelle könnten versuchen, Smart Contracts zu manipulieren, Schwachstellen in der Konsensalgorithmik auszunutzen oder sich auf andere Weise Zugang zu dezentralen Netzwerken zu verschaffen. Dies erfordert eine fortlaufende Anpassung der Sicherheitsmaßnahmen, um auf neu auftretende Bedrohungen reagieren zu können.

Privatsphäre und Datenintegrität: Obwohl die Blockchain

die Integrität der gespeicherten Daten gewährleistet, steht sie vor Herausforderungen im Bereich der Privatsphäre. Da alle Transaktionen auf der Blockchain öffentlich einsehbar sind, könnte dies zu Bedenken hinsichtlich der Vertraulichkeit von Transaktionsdetails und persönlichen Informationen führen. Datenschutztechniken wie Zero-Knowledge-Proofs werden erforscht, um dieses Problem zu mildern.

Smart Contract-Sicherheit: Smart Contracts sind selbstausführende Verträge, die auf der Blockchain ausgeführt werden. Die fehlerhafte Implementierung von Smart Contracts kann schwerwiegende Sicherheitsrisiken mit sich bringen. Exploits und Bugs könnten dazu führen, dass Vermögenswerte verloren gehen oder unerlaubt transferiert werden. Sicherheitsaudits und standardisierte Entwicklungspraktiken sind entscheidend, um diese Risiken zu minimieren.

Regulatorische Unsicherheiten: Die Unsicherheiten in Bezug auf die Regulierung von Blockchain und Kryptowährungen können zu Herausforderungen führen. Banken müssen sicherstellen, dass ihre Aktivitäten im Einklang mit den sich entwickelnden Vorschriften stehen, was oft Anpassungen in den Bereichen Compliance und Reporting erfordert.

Integration mit Legacy-Systemen: Die Integration von Blockchain in bestehende Legacy-Systeme kann komplex sein. Die Notwendigkeit, Brücken zwischen traditionellen Datenbanken und dezentralen Blockchain-Netzwerken zu schlagen, erfordert umfassende Sicherheitsüberlegungen, um Datenkonsistenz und -integrität sicherzustellen.

Menschliche Faktoren: Die Sicherheit von Blockchain-Systemen wird auch durch menschliche Faktoren beeinflusst. Nutzer müssen sich bewusst sein, wie sie sicher mit ihren privaten Schlüsseln umgehen und wie sie die Kontrolle über ihre digitalen Identitäten behalten können. Phishing-Angriffe und unsichere Praktiken könnten ansonsten zu Sicherheitslücken führen.

Um diesen Herausforderungen zu begegnen, müssen Banken und Finanzinstitutionen ihre Sicherheitsinfrastrukturen kontinuierlich aktualisieren, Schulungen für Mitarbeiter durchführen und eng mit Regulierungsbehörden zusammenarbeiten, um robuste Sicherheitsstandards zu gewährleisten. Die dynamische Natur der Blockchain erfordert eine proaktive Haltung, um die Vorteile dieser Technologie sicher zu nutzen.

Veränderung der Kundenbeziehung

Die Integration von Blockchain-Technologien verändert die Dynamik der Kundenbeziehung im traditionellen Bankwesen. Diese Veränderungen spiegeln nicht nur die technologische Transformation wider, sondern haben auch tiefgreifende Auswirkungen auf die Art und Weise, wie Banken mit ihren Kunden interagieren. Einige zentrale Aspekte dieser Veränderungen sind:

Selbstbestimmung und Kontrolle: Durch die Dezentralisierung ermöglicht die Blockchain den Kunden eine größere Selbstbestimmung und Kontrolle über ihre finanziellen Angelegenheiten. Die Verwaltung von privaten Schlüsseln und digitalen Identitäten gibt den Kunden die Möglichkeit, unmittelbarere Kontrolle über ihre Vermögenswerte und persönlichen Daten auszuüben.

Direkter Peer-to-Peer-Handel: Die Möglichkeit für Kunden, Vermögenswerte direkt zwischen sich zu handeln, ohne auf Vermittler wie Banken angewiesen zu sein, verändert die traditionelle Vermittlerrolle. Kunden können nun in direktem Austausch miteinander stehen, was zu einer stärkeren Dezentralisierung von Finanztransaktionen führt.

Erweiterte Finanzpartizipation: Neue Geschäftsmodelle, insbesondere im Bereich der Tokenisierung von Vermögenswerten, ermöglichen eine breitere Finanzpartizipation. Kunden können nun in Bruchteile von Vermögenswerten investieren, die zuvor aufgrund hoher Einstiegshürden schwer zugänglich waren. Dies trägt zu einer demokratisierten Teilhabe an Investitionen bei.

Vertrauensbildung durch Transparenz: Die Transparenz der Blockchain fördert das Vertrauen zwischen Banken und Kunden. Jede Transaktion wird aufgezeichnet und kann von den relevanten Parteien überprüft werden. Diese erhöhte Transparenz trägt dazu bei, das Vertrauen in die Integrität der Finanzprozesse zu stärken.

Kundenbezogene Innovationen: Banken stehen vor der Herausforderung, kundenorientierte Innovationen anzubieten, um den veränderten Bedürfnissen gerecht zu werden. Die Nachfrage nach effizienten, sicheren und benutzerfreundlichen Blockchain-basierten Finanzdienstleistungen erfordert von Banken eine kontinuierliche Anpassung ihrer Angebote.

Datenschutz und individuelle Identitäten: Die Blockchain ermöglicht eine sichere Verwaltung digitaler Identitäten. Kunden können ihre Identität selbst verwalten und selektiv Informationen preisgeben. Dies schafft eine sicherere Umgebung für den Austausch von persönlichen Daten, wobei der Datenschutz im Mittelpunkt steht.

Diese Veränderungen der Kundenbeziehung bringen jedoch auch Herausforderungen mit sich, darunter die Notwendigkeit für Banken, sich an die neuen Erwartungen anzupassen, Datenschutzrichtlinien zu beachten und sicherzustellen, dass Kunden eine ausreichende Kenntnis über den Umgang mit Kryptowährungen und digitalen Vermögenswerten haben. Insgesamt erfordert die Veränderung der Kundenbeziehung durch die Blockchain-Integration von Banken eine proaktive Anpassung ihrer Serviceangebote und Kommunikationsstrategien, um den neuen Realitäten gerecht zu werden.

Notwendigkeit für Innovation und Anpassung

Die Einführung der Blockchain-Technologie zwingt das traditionelle Bankwesen zu einer dringenden Notwendigkeit für Innovation und Anpassung. Dieser Paradigmenwechsel in der Art und Weise, wie Finanztransaktionen abgewickelt werden, erfordert von Banken, sich flexibel an die sich entwickelnde digitale Landschaft anzupassen. Hier sind einige zentrale Aspekte, die die Notwendigkeit für Innovation und Anpassung verdeutlichen:

Technologischer Fortschritt: Die Blockchain repräsentiert einen bedeutenden technologischen Fortschritt, der die Art und Weise, wie Daten gespeichert, verifiziert und übertragen werden, grundlegend verändert. Um wettbewerbsfähig zu bleiben, müssen Banken ihre bestehenden Systeme überdenken und innovative Technologien in ihre Geschäftsmodelle integrieren.

Effizienzsteigerung: Die Blockchain verspricht erhebliche Effizienzsteigerungen durch die Automatisierung von Prozessen, die Beseitigung von Intermediären und die Beschleunigung von Transaktionen. Banken, die sich nicht an diese neuen Effizienzstandards anpassen, laufen Gefahr, an Wettbewerbsfähigkeit zu verlieren.

Kundenanforderungen: Die sich verändernden Erwartungen der Kunden erfordern eine innovative Herangehensweise. Die Nachfrage nach schnelleren, kostengünstigeren und transparenteren Finanzdienstleistungen steigt. Banken müssen darauf reagieren, um Kundenloyalität zu erhalten und neue Marktsegmente zu erschließen.

Erschließung neuer Geschäftsmodelle: Die Blockchain eröffnet die Möglichkeit für völlig neue Geschäftsmodelle, von dezentralen Finanzdienstleistungen über Tokenisierung von

Vermögenswerten bis hin zu innovativen Zahlungsmechanismen. Banken müssen bereit sein, traditionelle Modelle zu überdenken und sich auf die Erschließung neuer Geschäftsfelder einzulassen.

Wettbewerb von FinTech-Unternehmen: FinTech-Unternehmen, die auf Blockchain-Technologien setzen, sind zunehmend als Wettbewerber auf dem Markt präsent. Diese agilen Akteure können schneller auf Veränderungen reagieren und haben oft weniger bürokratische Hürden. Traditionelle Banken müssen innovative Strategien entwickeln, um in diesem dynamischen Umfeld zu konkurrieren.

Regulatorische Entwicklungen: Die sich entwickelnden regulatorischen Rahmenbedingungen für Blockchain und Kryptowährungen erfordern eine Anpassung von Banken. Eine proaktive Herangehensweise an regulatorische Compliance und die Zusammenarbeit mit Aufsichtsbehörden sind entscheidend, um rechtliche Unsicherheiten zu minimieren.

Insgesamt steht das traditionelle Bankwesen vor der Herausforderung, nicht nur die technologischen Aspekte der Blockchain zu verstehen, sondern auch ihre Auswirkungen auf Geschäftsmodelle und Kundenbeziehungen zu erkennen. Die Notwendigkeit für Innovation und Anpassung ist nicht nur eine strategische Überlegung, sondern eine unabdingbare Voraussetzung, um den Herausforderungen der digitalen Transformation erfolgreich zu begegnen.

Regulatorische Anpassungen

Die Integration von Blockchain-Technologien im Finanzsektor stellt die traditionellen regulatorischen Rahmenbedingungen vor neue Herausforderungen und erfordert Anpassungen, um mit den sich entwickelnden Technologien Schritt zu halten. Die regulatorischen Anpassungen sind entscheidend, um eine ausgewogene Balance zwischen Innovation und der Gewährleistung von Verbraucherschutz, Stabilität des Finanzsystems und Einhaltung von Gesetzen zu finden. Hier sind einige wesentliche Aspekte regulatorischer Anpassungen im Kontext der Blockchain:

Definition von Kryptowährungen und Tokens: Eine klare Definition und Kategorisierung von Kryptowährungen und Tokens sind essenziell, um den rechtlichen Status und die Anwendbarkeit bestehender Finanzgesetze zu bestimmen. Regulierungsbehörden müssen festlegen, ob Kryptowährungen als Währungen, Wertpapiere oder Vermögenswerte gelten und dementsprechende Regelungen schaffen.

AML (Anti Money Laundering) und KYC (Know Your Customer): Die Anonymität von Transaktionen auf der Blockchain stellt eine Herausforderung für bestehende Anti-Geldwäsche- und Identifikationsstandards dar. Regulierungsbehörden müssen klare Leitlinien für AML- und KYC-Verfahren entwickeln, um sicherzustellen, dass die Vorteile der Blockchain nicht für illegale Aktivitäten ausgenutzt werden.

Sicherheitsstandards und Datenschutz: Die Einhaltung von Sicherheitsstandards und Datenschutzbestimmungen ist in einer dezentralen Umgebung entscheidend. Regulierungsbehörden müssen Richtlinien entwickeln, um sicherzustellen, dass persönliche Daten geschützt sind und gleichzeitig die Transparenz und Integrität der Blockchain gewahrt bleibt.

Smart Contract-Regulierung: Die automatisierte Natur von Smart Contracts erfordert spezifische Regelungen, um Missbrauch und rechtliche Unsicherheiten zu vermeiden. Klar definierte rechtliche Rahmenbedingungen für die Verbindlichkeit von Smart Contracts und Mechanismen zur Beilegung von Streitigkeiten sind notwendig.

Steuerliche Implikationen: Die Besteuerung von Kryptowährungen und Transaktionen auf der Blockchain ist ein komplexes Thema. Regulierungsbehörden müssen klare Richtlinien für die Besteuerung von Einkommen aus Kryptowährungen und die Behandlung von Token-Transaktionen festlegen.

Interoperabilität und Standardisierung: Die Förderung von Interoperabilität und Standardisierung in der Blockchain-Industrie ist von entscheidender Bedeutung. Regulierungsbehörden könnten Standards für die Interoperabilität zwischen verschiedenen Blockchain-Netzwerken und Protokollen fördern, um die Integration in bestehende Systeme zu erleichtern.

Regulierung von ICOs (Initial Coin Offerings) und Token Sales: Die Finanzierung von Projekten durch ICOs hat regulatorische Unsicherheiten hervorgerufen. Klare Richtlinien für die Durchführung von ICOs, den Schutz von Investoren und die Regulierung von Token Sales sind erforderlich, um das Potenzial von Blockchain-Finanzierungen zu nutzen, ohne die Anleger zu gefährden.

Die dynamische Natur der Blockchain-Technologie erfordert eine flexible und iterative Herangehensweise an regulatorische Anpassungen. Eine enge Zusammenarbeit zwischen Regulierungsbehörden, Finanzinstituten, Technologieunternehmen und der Gemeinschaft ist unerlässlich, um einen ausgewogenen regulatorischen Rahmen zu schaffen, der Innovation fördert und gleichzeitig die Integrität des Finanzsystems gewährleistet.

Insgesamt zwingt die fortschreitende Verbreitung von Blockchain das traditionelle Bankwesen, über bestehende Modelle und Prozesse nachzudenken. Während die Technologie Herausforderungen mit sich bringt, eröffnet sie gleichzeitig Chancen für mehr Effizienz, Innovation und eine breitere Palette von Finanzdienstleistungen. Die Reaktion der Banken auf diese Veränderungen wird maßgeblich beeinflussen, wie sie in der zunehmend digitalisierten Finanzwelt agieren.

KAPITEL 5:
REGULIERUNG
UND RECHTLICHE
ASPEKTE

Die Integration von Blockchain-Technologien im Finanzsektor hat erhebliche Auswirkungen auf die bestehenden rechtlichen und regulatorischen Rahmenbedingungen. Die komplexen und dynamischen Eigenschaften der Blockchain erfordern eine fortlaufende Anpassung von Gesetzen und Vorschriften, um Innovationen zu fördern, Verbraucherschutz zu gewährleisten und die Integrität des Finanzsystems zu bewahren. Im Rahmen dieser Entwicklung spielen verschiedene rechtliche Aspekte eine entscheidende Rolle

Kryptowährungen als Rechtsobjekte

Die rechtliche Anerkennung und Einordnung von Kryptowährungen stellen eine komplexe Herausforderung dar, die eine sorgfältige Prüfung und Anpassung bestehender Rechtsnormen erfordert. In vielen Rechtssystemen sind

Kryptowährungen bisher weder klar als Währungen, Wertpapiere noch als Vermögenswerte definiert, was rechtliche Unsicherheiten und Herausforderungen mit sich bringt.

Eine zentrale Frage betrifft die rechtliche Definition von Kryptowährungen und deren Status im Vergleich zu traditionellen Währungen. Sind Kryptowährungen als gesetzliches Zahlungsmittel anzusehen oder werden sie als eigenständige Form von Vermögenswerten behandelt? Diese Unterscheidung hat weitreichende Auswirkungen auf die Anwendbarkeit bestehender Finanzgesetze, Steuervorschriften und anderen rechtlichen Rahmenbedingungen.

Die Pseudonymität und dezentrale Natur von Kryptowährungen, insbesondere von Bitcoin und anderen öffentlichen Blockchain-Netzwerken, stellen Regulierungsbehörden vor Herausforderungen bei der Durchsetzung von Anti-Geldwäsche (AML) und Know Your Customer (KYC) Vorschriften. Die Möglichkeit, Vermögenswerte ohne direkte Beteiligung traditioneller Finanzintermediäre zu übertragen, erfordert innovative Ansätze, um die Integrität des Finanzsystems zu bewahren.

Einige Länder haben begonnen, rechtliche Rahmenbedingungen für Kryptowährungen zu schaffen, indem sie klare Definitionen und Vorschriften für den Umgang mit diesen digitalen Assets festlegen. Dies kann die Integration von Kryptowährungen in das traditionelle Finanzsystem erleichtern, indem es den rechtlichen Status klärt und gleichzeitig den Verbraucherschutz und die finanzielle Stabilität gewährleistet.

Es ist entscheidend, dass die Gesetzgeber und Regulierungsbehörden einen ausgewogenen Ansatz verfolgen, der Innovationen in der Blockchain-Industrie fördert, ohne dabei die grundlegenden Prinzipien des Rechts und des Verbraucherschutzes zu vernachlässigen. Die Entwicklung klarer und adaptiver rechtlicher Rahmenbedingungen für Kryptowährungen ist daher von zentraler Bedeutung, um die Potenziale dieser neuen Technologie zu realisieren und gleichzeitig die bestehenden Rechtsstrukturen zu respektieren.

Geldwäschebekämpfung (AML) und Identitätsprüfung (KYC)

Die Herausforderungen im Bereich der Geldwäschebekämpfung (AML) und Identitätsprüfung (KYC) haben durch die Einführung von Kryptowährungen und die Nutzung der Blockchain-Technologie in der Finanzwelt neue Dimensionen erreicht. Die dezentrale Natur und die Pseudonymität von Kryptotransaktionen erschweren die Umsetzung traditioneller AML- und KYC-Verfahren erheblich.

Die Anonymität, die viele Kryptowährungen bieten, ermöglicht es den Nutzern, Transaktionen durchzuführen, ohne dabei persönliche Identifikationsdaten preiszugeben. Dies stellt eine potenzielle Eintrittspforte für Geldwäscheaktivitäten und Terrorismusfinanzierung dar, da es schwieriger wird, verdächtige Transaktionen zu verfolgen und zu identifizieren.

Um dieser Herausforderung zu begegnen, sind Regulierungsbehörden weltweit bestrebt, klare Richtlinien für die Anwendung von AML- und KYC-Maßnahmen im Kontext von Kryptowährungen zu schaffen. Eine effektive Umsetzung erfordert die Zusammenarbeit zwischen Finanzinstituten, Kryptobörsen und Regulierungsbehörden, um sicherzustellen, dass alle relevanten Parteien die notwendigen Informationen über Kundenidentitäten und Transaktionshistorien sammeln und austauschen.

Eine mögliche Lösung besteht in der Implementierung von KYC-Verfahren bei der Umwandlung von Kryptowährungen in Fiatwährungen auf Handelsplattformen oder bei der Ein- und Auszahlung von Kryptowährungen an und von Bankkonten. Hierbei können traditionelle Verifikationsmechanismen wie Personalausweise, Adressnachweise und andere Identifikationsdokumente zum Einsatz kommen.

Die Entwicklung von technologischen Innovationen wie Privacy Coins und Mixing-Services, die darauf abzielen, die Privatsphäre der Benutzer zu schützen, stellt jedoch weiterhin eine Herausforderung für AML- und KYC-Initiativen dar.

Es ist daher erforderlich, dass Regulierungsbehörden und Technologieentwickler gemeinsam nach effektiven Lösungen suchen, um die Sicherheit und Integrität des Finanzsystems zu gewährleisten.

Insgesamt steht die Geldwäschebekämpfung und Identitätsprüfung im Kontext von Kryptowährungen vor der Herausforderung, einen angemessenen Gleichgewichtspunkt zwischen der Wahrung der Privatsphäre der Benutzer und der Gewährleistung der Sicherheit und Rechtmäßigkeit von Finanztransaktionen zu finden. Dies erfordert eine kontinuierliche Anpassung von AML- und KYC-Maßnahmen, um den sich entwickelnden Technologien und den damit verbundenen Risiken gerecht zu werden.

Regulierung von Smart Contracts

Die Einführung von Smart Contracts auf Blockchain-Plattformen hat die Art und Weise, wie Verträge abgeschlossen und durchgeführt werden, revolutioniert. Diese selbstausführenden Verträge ermöglichen es den Parteien, Vereinbarungen automatisch zu erfüllen, ohne auf Intermediäre angewiesen zu sein. Die regulatorische Behandlung von Smart Contracts steht jedoch vor vielfältigen Herausforderungen und erfordert eine sorgfältige Anpassung bestehender rechtlicher Rahmenbedingungen.

Eine zentrale Frage bei der Regulierung von Smart Contracts betrifft ihre rechtliche Verbindlichkeit. Da Smart Contracts automatisch und unmittelbar ausgeführt werden, müssen Rechtsnormen entwickelt werden, um ihre rechtliche Stellung im Rahmen bestehender Vertragsrechte zu klären. Dies umfasst Fragen zur Durchsetzbarkeit, Beweisbarkeit und Haftung im Falle von Fehlern oder Ausfällen.

Ein weiteres Schlüsselthema ist die Frage der Verantwortlichkeit. Wenn ein Fehler im Code eines Smart Contracts zu finanziellen Verlusten führt, wer trägt die Verantwortung? Klar definierte Haftungsregelungen sind erforderlich, um sicherzustellen, dass die Parteien angemessen geschützt sind und Vertrauen in die Nutzung von Smart Contracts haben können.

Regulierungsbehörden stehen vor der Herausforderung, den rechtlichen Rahmen so zu gestalten, dass er den Innovationscharakter von Smart Contracts fördert, gleichzeitig aber auch den Schutz der Verbraucher und die Einhaltung gesetzlicher Vorschriften sicherstellt. Die Klärung von Begriffen wie "Selbstausführung" und "Automatisierung" in Bezug auf Verträge ist entscheidend, um eine angemessene gesetzliche Grundlage für Smart Contracts zu schaffen.

Die internationale Natur von Blockchain und Smart Contracts wirft zusätzliche Herausforderungen auf, da grenzüberschreitende Transaktionen rechtliche Unsicherheiten und unterschiedliche rechtliche Interpretationen mit sich bringen können. Hier sind Harmonisierungsversuche auf internationaler Ebene wünschenswert, um einheitliche Standards zu schaffen.

Insgesamt erfordert die Regulierung von Smart Contracts eine flexible und proaktive Herangehensweise, um den technologischen Fortschritt zu fördern und gleichzeitig die Rechte der Vertragsparteien zu schützen. Die Zusammenarbeit zwischen Gesetzgebern, Technologieexperten und Rechtsexperten ist unabdingbar, um einen ausgewogenen und zukunftsorientierten rechtlichen Rahmen zu schaffen.

Steuerliche Implikationen

Die Einführung von Kryptowährungen und Blockchain-Technologien in die Finanzwelt wirft vielschichtige steuerliche Fragen auf, die eine klare Definition und Anwendung von Steuervorschriften erfordern. Die steuerlichen Implikationen von Kryptowährungen betreffen verschiedene Aspekte, darunter Einkommensbesteuerung, Besteuerung von Transaktionen, sowie die Behandlung von Kryptowährungen als Vermögenswerte.

Einkommensteuer auf Kryptogewinne: Die Gewinne, die durch den Handel oder Verkauf von Kryptowährungen erzielt werden, können steuerpflichtig sein. Die Ermittlung und Deklaration dieser Gewinne erfordert klare Richtlinien, insbesondere wenn es um die Feststellung des Zeitpunkts der Realisierung von Gewinnen oder Verlusten geht.

Besteuerung von Kryptotransaktionen: Die Besteuerung von Transaktionen mit Kryptowährungen ist eine komplexe Angelegenheit. Fragen bezüglich der Besteuerung von Kryptowährungen als Zahlungsmittel oder als Tauschmittel für andere Vermögenswerte müssen geklärt werden. Hierbei spielen auch kleinere Transaktionen im Alltag, wie etwa der Gebrauch von Kryptowährungen für den Kauf von Waren und Dienstleistungen, eine Rolle.

Steuerliche Behandlung von ICOs: Initial Coin Offerings (ICOs) und Token Sales sind Finanzierungsmethoden, bei denen steuerliche Implikationen für sowohl Emittenten als auch Investoren relevant sind. Klar definierte steuerliche Richtlinien sind erforderlich, um sicherzustellen, dass Einkünfte aus ICOs angemessen besteuert werden und rechtliche Unsicherheiten vermieden werden.

Steuerliche Behandlung von Mining und Staking: Personen, die am Mining oder Staking von Kryptowährungen teilnehmen, stehen vor der Herausforderung, ihre Einnahmen korrekt zu versteuern. Die Feststellung, wann und wie die erhaltenen Kryptowährungen als Einkommen zu betrachten sind, erfordert klare Regelungen.

Steuergestaltung bei Kryptowährungen: Die steuerliche Behandlung von Kryptowährungen kann je nach Land und Region erheblich variieren. Dies führt zu einer gewissen Steuergestaltungsfreiheit für Nutzer, die ihre Transaktionen in Ländern mit günstigeren Steuersätzen durchführen könnten.

Um diese steuerlichen Herausforderungen zu bewältigen, ist eine enge Zusammenarbeit zwischen Finanzbehörden, Gesetzgebern und der Blockchain-Industrie notwendig. Einheitliche internationale Standards könnten dazu beitragen, Klarheit und Transparenz zu schaffen und die steuerliche Behandlung von Kryptowährungen in einer globalisierten Wirtschaft zu harmonisieren. Insgesamt erfordert die steuerliche Regulierung von Kryptowährungen eine sorgfältige Abwägung zwischen der Förderung von Innovation und der Sicherstellung von steuerlicher Integrität und Gerechtigkeit.

Regulierung von ICOs und Token Sales

Die Durchführung von Initial Coin Offerings (ICOs) und Token Sales hat sich zu einer beliebten Methode der Kapitalbeschaffung für Blockchain-Projekte entwickelt. Die regulatorische Landschaft für ICOs und Token Sales ist jedoch komplex und unterliegt einer ständigen Entwicklung, da Aufsichtsbehörden weltweit versuchen, den wachsenden Markt zu regulieren und Investorenschutz sicherzustellen.

Definition und Klassifizierung von Tokens: Eine grundlegende Herausforderung für die Regulierung von ICOs besteht in der klaren Definition und Klassifizierung von Tokens. Dabei stellt sich die Frage, ob Tokens als Wertpapiere, Zahlungsmittel oder spezielle Vermögenswerte betrachtet werden sollen. Die Einordnung hat direkte Auswirkungen auf die anwendbaren regulatorischen Vorschriften.

Anwendbarkeit von Wertpapierrecht: Wenn Tokens als Wertpapiere eingestuft werden, unterliegen sie den entsprechenden Wertpapierregulierungen. Hierbei müssen Emittenten von Tokens die Anforderungen in Bezug auf Prospektveröffentlichungen, Registrierungen und Anlegerinformationen erfüllen, um die Sicherheit von Investoren zu gewährleisten.

AML- und KYC-Richtlinien: Um Geldwäsche und Finanzkriminalität zu bekämpfen, haben viele Länder Anti-Geldwäsche (AML) und Know Your Customer (KYC) Vorschriften eingeführt. Diese Richtlinien betreffen auch ICOs und Token Sales, da Emittenten verpflichtet sein können, die Identität ihrer Investoren zu überprüfen und verdächtige Aktivitäten zu melden.

Investorenschutz: Der Schutz von Investoren steht im Mittelpunkt der Bemühungen um die Regulierung von ICOs. Dies beinhaltet die Bereitstellung umfassender Informationen über das Projekt, die Risiken und die Verwendung der gesammelten Mittel. Regulierungsbehörden arbeiten daran, sicherzustellen, dass Investoren angemessen informiert sind und vor betrügerischen Aktivitäten geschützt werden.

Grenzüberschreitende Regulierung: Da ICOs oft grenzüberschreitend stattfinden, entstehen Herausforderungen hinsichtlich der Einhaltung unterschiedlicher nationaler Vorschriften. Ein koordinierter internationaler Ansatz zur Harmonisierung von Regelungen könnte die Effektivität und die rechtliche Klarheit verbessern.

Sicherheit und Schutz vor Betrug: Die Anfälligkeit von ICOs für Sicherheitsprobleme und Betrug erfordert eine verstärkte regulatorische Aufsicht. Regulierungsbehörden setzen Maßnahmen ein, um sicherzustellen, dass Smart Contracts und Blockchain-Technologien sicher sind und dass Emittenten angemessene Sicherheitsvorkehrungen treffen.

Die rasche Evolution der Blockchain-Technologie und ihrer Anwendungen macht die Anpassung von Regulierungen zu einer kontinuierlichen Herausforderung. Die Regulierung von ICOs und Token Sales zielt darauf ab, das richtige Gleichgewicht zwischen Innovation und Investorenschutz zu finden, wobei eine enge Zusammenarbeit zwischen Aufsichtsbehörden, Emittenten und der Blockchain-Community entscheidend ist.

Datenschutz und Privatsphäre

Die Integration von Blockchain-Technologien in Finanzsysteme wirft bedeutende Fragen zum Datenschutz und zur Wahrung der Privatsphäre auf. Im Gegensatz zu traditionellen zentralisierten Systemen, bei denen personenbezogene Daten oft an einem zentralen Ort gespeichert werden, zeichnet sich die Blockchain durch ihre dezentrale Natur und transparente Aufzeichnung von Transaktionen aus. Dies bringt sowohl Chancen als auch Herausforderungen im Bereich Datenschutz mit sich.

Transparenz und Pseudonymität: Die Transparenz von Blockchain-Transaktionen ermöglicht es jedem, Transaktionshistorien nachzuverfolgen. Obwohl Transaktionen pseudonym sind, können sie dennoch Rückverfolgbarkeitsrisiken aufweisen. Dies stellt eine Herausforderung für den Datenschutz dar, insbesondere wenn persönliche Identitäten mit öffentlichen Adressen in Verbindung gebracht werden können.

Recht auf Vergessenwerden: Die Unveränderlichkeit von Blockchain-Daten, die als eine ihrer Stärken betrachtet wird, kann sich als Hindernis für das Recht auf Vergessenwerden erweisen. Einmal eingetragene Daten können nicht einfach gelöscht werden, was Datenschutzanforderungen erschwert.

Datenschutzverträglichkeit von Smart Contracts: Smart Contracts, die automatisch und unveränderlich ausgeführt werden, können sensible Daten enthalten. Es ist entscheidend sicherzustellen, dass Smart Contracts datenschutzfreundlich gestaltet sind und nur die für ihre Funktion notwendigen Informationen verwenden.

Privacy Coins und Mixing-Services: Die Entwicklung von Privacy Coins und Mixing-Services zielt darauf ab, die Privatsphäre von Nutzern zu stärken. Diese Technologien erschweren jedoch oft die Anwendung von Anti-Geldwäsche (AML) und Know Your Customer (KYC) Vorschriften, was regulatorische Herausforderungen mit sich bringt.

Einwilligung und Selbstbestimmung: Da Blockchain-Transaktionen oft öffentlich und dauerhaft sind, müssen Mechanismen geschaffen werden, um sicherzustellen, dass Benutzer aktiv ihre Einwilligung zur Verwendung ihrer Daten geben. Die Selbstbestimmung über persönliche Informationen bleibt ein wichtiger Aspekt des Datenschutzes.

Interoperabilität von Datenschutzstandards: Mit der globalen Natur von Blockchain ist die Schaffung von interoperablen Datenschutzstandards entscheidend. Dies könnte sicherstellen, dass persönliche Daten in einer dezentralen Umgebung angemessen geschützt sind, unabhängig von den grenzüberschreitenden Bewegungen von Daten.

Die Weiterentwicklung von Datenschutz- und Privatsphärenstandards in der Blockchain-Industrie erfordert eine enge Zusammenarbeit zwischen Technologieentwicklern, Regulierungsbehörden und Datenschutzexperten. Ein ausgewogener Ansatz, der die Chancen von Blockchain nutzt, ohne dabei die grundlegenden Prinzipien des Datenschutzes zu vernachlässigen, ist entscheidend, um das Vertrauen der Nutzer zu stärken und den regulatorischen Anforderungen gerecht zu werden.

Interoperabilität und Standardisierung

Die Integration von Blockchain-Technologien in unterschiedliche Sektoren erfordert eine nahtlose Interaktion zwischen verschiedenen Blockchains, Plattformen und Protokollen. Interoperabilität und Standardisierung spielen dabei eine entscheidende Rolle, um die reibungslose Kommunikation und den Datenaustausch zu gewährleisten. Dies betrifft sowohl technologische als auch regulatorische Aspekte.

Technologische Interoperabilität: Blockchain-Netzwerke und Protokolle existieren in einer Vielzahl, von öffentlichen über private bis hin zu Konsortium-Blockchains. Die Fähigkeit dieser Systeme, effektiv miteinander zu kommunizieren, ist entscheidend, um ein integriertes und effizientes Ökosystem zu schaffen. Interoperabilitätsstandards können dazu beitragen, dass verschiedene Blockchains reibungslos Daten und Transaktionen austauschen können.

Smart Contracts und einheitliche Programmierschnittstellen (APIs): Die Interoperabilität von Smart Contracts über verschiedene Plattformen hinweg erfordert einheitliche Programmierschnittstellen (APIs) und Standards. Dadurch können Entwickler ihre Smart Contracts auf verschiedenen Blockchains implementieren, ohne jedes Mal umfassende Anpassungen vornehmen zu müssen.

Token-Standards: Die Standardisierung von Token-Protokollen spielt eine zentrale Rolle bei der Interoperabilität von digitalen Vermögenswerten. Einheitliche Token-Standards erleichtern den reibungslosen Austausch von Tokens zwischen verschiedenen Plattformen und ermöglichen eine breitere Akzeptanz und Integration in diverse Anwendungen.

Regulatorische Standardisierung: Im Hinblick auf die regulatorische Compliance ist eine Standardisierung von Richtlinien und Vorschriften notwendig, um grenzüberschreitende Transaktionen und den globalen Einsatz von Blockchain-Technologien zu unterstützen. Harmonisierte regulatorische Standards können dazu beitragen, Unsicherheiten zu minimieren und die Integration in verschiedene Rechtssysteme zu erleichtern.

Datenaustauschstandards: Der Austausch von Daten zwischen verschiedenen Parteien und Systemen ist ein wesentlicher Bestandteil der Blockchain-Interoperabilität. Einheitliche Datenformate und Austauschstandards fördern die reibungslose Integration von Blockchain-Anwendungen in bestehende Systeme und ermöglichen eine effiziente Kommunikation.

Partnerschaften und Kollaborationen: Die Schaffung

von interoperablen Lösungen erfordert Zusammenarbeit zwischen verschiedenen Unternehmen, Technologieentwicklern, Forschungseinrichtungen und Regulierungsbehörden. Durch Partnerschaften können Standards gemeinsam entwickelt und implementiert werden, um die Interoperabilität in der gesamten Branche zu fördern.

Die Entwicklung und Umsetzung von Interoperabilitäts- und Standardisierungsmaßnahmen sind entscheidende Schritte, um das volle Potenzial der Blockchain-Technologie zu entfalten. Ein koordinierter und integrativer Ansatz auf technologischer, regulatorischer und industrieübergreifender Ebene wird dazu beitragen, die Akzeptanz von Blockchain zu stärken und ihre nahtlose Integration in verschiedene Anwendungsbereiche zu unterstützen.

Haftung und Verantwortlichkeit

In der Welt der Blockchain und dezentralen Technologien entstehen neue Herausforderungen in Bezug auf Haftung und Verantwortlichkeit. Diese Aspekte sind von entscheidender Bedeutung, um einen klaren rechtlichen Rahmen für die Nutzung von Blockchain-Technologien zu schaffen.

Smart Contracts und unveränderliche Code-Basis: Eine zentrale Frage im Bereich der Haftung betrifft die automatische Ausführung von Smart Contracts. Da diese auf unveränderlichem Code basieren, können Fehler oder Schwachstellen schwerwiegende Folgen haben. Die Klärung von Haftungsfragen im Falle von Programmierfehlern oder Sicherheitslücken ist essenziell.

Dezentralisierte Autonomie: Die dezentrale Natur von Blockchain-Netzwerken und die damit verbundene Autonomie stellen herkömmliche Verantwortlichkeitsstrukturen in Frage. Die Frage, wer für Entscheidungen oder Fehlfunktionen in einem dezentralen System verantwortlich ist, bleibt eine komplexe Herausforderung.

Dynamik von DAOs (Dezentrale Autonome Organisationen): DAOs repräsentieren eine Form der Selbstorganisation innerhalb der Blockchain-Community. Die Klärung von Haftungsfragen in Bezug auf DAOs, insbesondere wenn es um finanzielle Entscheidungen geht, erfordert innovative rechtliche Ansätze.

Token-Verwendung und rechtliche Einordnung: Die Verwendung von Token in verschiedenen Kontexten, sei es als digitales Gut, Währung oder als Repräsentation von Vermögenswerten, erfordert eine klare rechtliche Einordnung. Dies hat unmittelbare Auswirkungen auf die Haftung im Zusammenhang mit Transaktionen und Verträgen.

Haftung von Netzwerkteilnehmern: Netzwerkteilnehmer wie Miner, Validatorn oder Node-Betreibern können in einem Blockchain-Netzwerk verschiedene Rollen einnehmen. Die Abgrenzung von Haftungsfragen zwischen diesen Akteuren ist eine komplexe Aufgabe, die sowohl technische als auch rechtliche Aspekte berücksichtigen muss.

Vertragsrechtliche Aspekte: Die Ausführung von Transaktionen und Verträgen auf der Blockchain basiert auf einem algorithmischen Code. Im Falle von Unklarheiten oder Vertragsbrüchen müssen rechtliche Rahmenbedingungen geschaffen werden, um Verantwortlichkeiten festzulegen und den Schutz der Vertragsparteien zu gewährleisten.

Versicherung und Risikobewältigung: Angesichts der neuen Herausforderungen in Bezug auf Haftung wird auch die Rolle von Versicherungen und Risikobewältigungsmechanismen immer wichtiger. Es müssen Modelle entwickelt werden, die sowohl die dezentralisierte Natur der Blockchain als auch die Bedürfnisse von Unternehmen und Verbrauchern berücksichtigen.

Die Klärung von Haftungs- und Verantwortlichkeitsfragen erfordert eine enge Zusammenarbeit zwischen Technologieexperten, Rechtsexperten, Unternehmen und

Regulierungsbehörden. Die Schaffung eines ausgewogenen und innovativen rechtlichen Rahmens ist entscheidend, um die Entwicklung und Einführung von Blockchain-Technologien zu fördern, ohne dabei den Schutz der Nutzer und die Integrität des Finanzsystems zu vernachlässigen.

Die Anpassung von Rechtsvorschriften an die Herausforderungen und Chancen der Blockchain erfordert eine enge Zusammenarbeit zwischen Gesetzgebern, Regulierungsbehörden, Finanzinstituten und der Technologiegemeinschaft. Eine ausgewogene und fortschrittliche Regulierung ist entscheidend, um die Integration der Blockchain in das Finanzwesen zu erleichtern, Innovationen zu fördern und gleichzeitig den Schutz der Verbraucher und die Stabilität des Finanzsystems sicherzustellen.

KAPITEL 6: DIE ZUKUNFT DER FINANZBRANCHE OHNE BANKEN

D ie zunehmende Integration von Blockchain-Technologien und dezentralen Finanzinnovationen lässt einen vielversprechenden Ausblick auf die Zukunft der Finanzbranche ohne traditionelle Banken entstehen. Eine Vielzahl von Entwicklungen und Trends prägen diese transformative Phase

Dezentralisierung und Disintermediation

Die Paradigmen der Dezentralisierung und Disintermediation bilden das Rückgrat der Veränderungen, die die Finanzbranche ohne Banken erlebt. Diese Prinzipien, durch die Blockchain-Technologie ermöglicht, haben tiefgreifende Auswirkungen auf die Art und Weise, wie Finanzdienstleistungen bereitgestellt, Transaktionen abgewickelt und Vermögenswerte gehandelt werden.

Die Dezentralisierung bezieht sich auf die Verteilung von Entscheidungsbefugnissen und Kontrolle über Finanzsysteme auf mehrere Knotenpunkte, anstatt sie in den Händen einer zentralen Autorität zu konzentrieren. In einer dezentralisierten Umgebung erfolgt die Verwaltung und Validierung von Transaktionen durch ein Netzwerk von Teilnehmern, was zu einer höheren Widerstandsfähigkeit gegenüber Ausfällen und Manipulationen führt.

Die Disintermediation, andererseits, bezieht sich auf die Beseitigung von Zwischenhändlern oder Vermittlern in finanziellen Transaktionen. Durch den Einsatz von Smart Contracts, programmierbaren Selbstausführungsverträgen auf der Blockchain, können Transaktionen direkt zwischen den beteiligten Parteien abgewickelt werden, ohne dass eine zentrale Instanz wie eine Bank erforderlich ist. Dies führt zu Effizienzsteigerungen und reduzierten Transaktionskosten.

Die Dezentralisierung und Disintermediation haben mehrere Schlüsselaspekte:

Finanzinclusion: Durch die Beseitigung von traditionellen Zugangsbarrieren ermöglicht die Dezentralisierung einen breiteren Zugang zu Finanzdienstleistungen. Personen ohne Zugang zu herkömmlichen Bankdienstleistungen können nun in dezentralen Finanzsystemen teilnehmen.

Selbstbestimmung und Kontrolle: Benutzer haben eine größere Kontrolle über ihre finanziellen Vermögenswerte und Entscheidungen. Die dezentrale Natur der Blockchain gibt den Nutzern die Gewissheit, dass sie die volle Kontrolle über ihre digitalen Vermögenswerte behalten.

Sicherheit und Transparenz: Die Dezentralisierung erhöht die Sicherheit, da Daten auf vielen verteilten Knotenpunkten gespeichert sind und nicht anfällig für einzelne Angriffspunkte sind. Die Transparenz der Blockchain ermöglicht es den Nutzern, Transaktionen nachzuvollziehen und das Vertrauen in das System zu stärken.

Effizienz und Geschwindigkeit: Durch den Wegfall

von Intermediären können Finanztransaktionen schneller und kostengünstiger abgewickelt werden. Die automatische Ausführung von Smart Contracts trägt zur Effizienzsteigerung bei und reduziert menschliche Fehler.

Die Herausforderung besteht darin, die Vorteile der Dezentralisierung und Disintermediation zu nutzen, ohne dabei grundlegende Fragen wie Datenschutz, rechtliche Rahmenbedingungen und Skalierbarkeit zu vernachlässigen. Eine ausgewogene Integration dieser Prinzipien in die Finanzbranche erfordert eine kontinuierliche Zusammenarbeit zwischen Technologieentwicklern, Regulierungsbehörden und Branchenakteuren.

Neue Geschäftsmodelle und Finanzdienstleistungen

Die fortschreitende Integration von Blockchain-Technologien führt zu einer Innovationswelle in der Finanzbranche, die durch neue Geschäftsmodelle und Finanzdienstleistungen geprägt ist. Diese Entwicklungen revolutionieren die Art und Weise, wie finanzielle Interaktionen stattfinden, Transaktionen durchgeführt werden und Vermögenswerte gehandelt werden. Einige Schlüsselaspekte dieser Transformation sind:

Dezentrale Finanzdienstleistungen (DeFi): DeFi repräsentiert eine der herausragendsten Entwicklungen und umfasst eine breite Palette von Finanzdienstleistungen ohne traditionelle Vermittler. Dies beinhaltet Kreditvergabe, Liquiditätsbereitstellung, Handel und Derivate, die durch Smart Contracts auf der Blockchain automatisiert werden. Nutzer können direkt auf Finanzprodukte zugreifen, ohne auf Banken oder andere Intermediäre angewiesen zu sein.

Tokenisierung von Vermögenswerten: Die Tokenisierung ermöglicht die Darstellung von Vermögenswerten, sei es Immobilien, Kunst oder traditionelle Wertpapiere, als digitale Tokens auf der Blockchain. Dies schafft liquide Märkte, erleichtert den globalen Handel von Vermögenswerten und ermöglicht eine feinere Aufteilung von Anteilen.

ICO (Initial Coin Offering) und Token Sales: ICOs haben als alternative Finanzierungsmethode an Bedeutung gewonnen. Startups können durch den Verkauf von Tokens Kapital aufbringen, wobei Investoren durch den Erwerb dieser Tokens eine Beteiligung am Projekt erhalten. Diese Modelle bieten eine neue Dimension der Kapitalbeschaffung, insbesondere für innovative Blockchain-Projekte.

Staking und Yield Farming: Staking ermöglicht es Nutzern, Kryptowährungen in einer Blockchain zu halten, um das Netzwerk zu unterstützen und dafür Belohnungen zu erhalten. Yield Farming geht einen Schritt weiter, indem Nutzer ihre Kryptowährungen in verschiedenen DeFi-Protokollen bereitstellen, um zusätzliche Erträge zu erzielen. Diese Modelle fördern die Partizipation und Liquidität in dezentralen Netzwerken.

Digitale Zahlungen und Kryptowährungen: Kryptowährungen bieten eine alternative Form digitaler Zahlungen, die schnell, kostengünstig und grenzüberschreitend sind. Die steigende Akzeptanz von Kryptowährungen als Zahlungsmittel trägt dazu bei, herkömmliche Finanzinfrastrukturen zu ergänzen oder zu ersetzen.

Community-gesteuerte Finanzprojekte: Die Blockchain ermöglicht die Schaffung von Community-gesteuerten Projekten, bei denen Entscheidungen durch Governance-Token und Abstimmungsmechanismen getroffen werden. Die Community kann aktiv an der Entwicklung und Ausrichtung von Finanzprojekten teilnehmen.

Effizienzsteigerung und Kostenreduktion

Die Einführung von Blockchain-Technologien in die Finanzbranche geht weit über die technologische Innovation hinaus und zielt darauf ab, Effizienzsteigerungen und

Kostenreduktionen in den Abläufen der Finanzdienstleistungen zu bewirken. Diese Transformation ist durch mehrere Schlüsselfaktoren geprägt, die sowohl traditionelle als auch neu entstehende Geschäftsprozesse betreffen.

Automatisierung durch Smart Contracts: Smart Contracts, programmierbare Selbstausführungsverträge auf der Blockchain, automatisieren und codieren Vertragsbedingungen. Dies ermöglicht die automatische Abwicklung von Transaktionen und Finanzprozessen ohne menschliche Intervention. Die Effizienzsteigerungen durch die Entfernung manueller Prozesse können erhebliche Kosteneinsparungen mit sich bringen.

Entfall von Intermediären: Die Blockchain eliminiert die Notwendigkeit von Vermittlern oder Intermediären in Finanztransaktionen. Traditionell agierende Finanzinstitutionen, wie Banken, könnten ihre Rolle als Vermittler verlieren, was zu direkteren und kostengünstigeren Transaktionen zwischen den beteiligten Parteien führt.

Schnellere Transaktionsabwicklung: Die dezentrale Natur von Blockchain ermöglicht eine schnellere Abwicklung von Transaktionen im Vergleich zu traditionellen Systemen. Dies ist besonders relevant für internationale Zahlungen, die herkömmlich mit längeren Verzögerungen und höheren Gebühren verbunden sind.

Einsparungen durch dezentrale Architektur: Die verteilte Architektur von Blockchain-Netzwerken reduziert die Notwendigkeit teurer Infrastrukturen und zentraler Datenzentren. Dies kann zu erheblichen Kosteneinsparungen in Bezug auf Wartung, Betrieb und Sicherheit führen.

Geringere Abhängigkeit von Papierdokumenten: Die Digitalisierung von Vermögenswerten und Finanzinstrumenten auf der Blockchain verringert die Notwendigkeit von Papierdokumenten und manuellen Prozessen. Dies führt nicht nur zu Kosteneinsparungen im Zusammenhang mit der physischen Dokumentenverwaltung, sondern erhöht auch die Genauigkeit und Effizienz von Prozessen.

Verbesserte Risikomanagementprozesse: Die Transparenz und Unveränderlichkeit von Blockchain-Daten ermöglichen eine effizientere Überwachung und Analyse von Risikofaktoren. Dies kann zu einer verbesserten Risikobewertung und einem effektiveren Risikomanagement führen, was langfristig zu Kostenreduktionen beiträgt.

Niedrigere Transaktionskosten in der DeFi: Dezentrale Finanzdienstleistungen (DeFi) bieten oft niedrigere Transaktionsgebühren im Vergleich zu traditionellen Finanzdienstleistungen. Dies macht Finanzdienstleistungen erschwinglicher und zugänglicher für eine breitere Bevölkerung.

Während die Vorteile von Effizienzsteigerung und Kostenreduktion durch Blockchain-Technologien vielversprechend sind, sind auch Herausforderungen zu überwinden, darunter regulatorische Anpassungen, Sicherheitsfragen und die Integration in bestehende Systeme. Die kontinuierliche Weiterentwicklung und Anpassung sind entscheidend, um das volle Potenzial dieser Innovationen auszuschöpfen und gleichzeitig einen stabilen und verlässlichen Finanzsektor zu gewährleisten.

Dezentrale Finanzdienstleistungen (DeFi)

Die aufkommenden dezentralen Finanzdienstleistungen (DeFi) repräsentieren einen bedeutenden Schritt in der Evolution der Finanzbranche, indem sie herkömmliche Intermediäre eliminieren und Finanzdienstleistungen direkt zwischen den Nutzern ermöglichen. Diese Bewegung auf der Blockchain hat das Potenzial, Finanzinclusion zu fördern, den Zugang zu Kapital zu demokratisieren und eine breite Palette von Finanzinstrumenten in einer dezentralen Umgebung anzubieten.

Kreditvergabe und Kreditprotokolle: DeFi-Plattformen

ermöglichen es Benutzern, Kredite direkt zu vergeben oder zu erhalten, ohne auf traditionelle Banken angewiesen zu sein. Dies geschieht durch Smart Contracts, die automatisch Kreditbedingungen festlegen und die Rückzahlung überwachen. Nutzer können auf diese Weise Kreditnehmer und Kreditgeber gleichermaßen sein.

Liquiditätsbereitstellung und Yield Farming: DeFi-Protokolle bieten Anreize für Nutzer, ihre Kryptowährungen in Liquiditätspools bereitzustellen. Im Gegenzug erhalten sie Token oder Zinsen als Belohnung. Diese Praxis, bekannt als Yield Farming, fördert die Liquidität und Teilnahme an DeFi-Plattformen.

Decentralized Exchanges (DEX): Dezentrale Börsen ermöglichen den direkten Austausch von Kryptowährungen ohne Intermediäre. Nutzer behalten die Kontrolle über ihre privaten Schlüssel und Vermögenswerte, während Smart Contracts den Handel automatisch abwickeln.

Derivate und Optionen: DeFi-Plattformen bieten auch komplexe Finanzinstrumente wie Derivate und Optionen an. Diese werden durch Smart Contracts geregelt, wodurch die Ausführung und Abwicklung automatisch und transparent erfolgt.

Stablecoins und synthetische Vermögenswerte: Stablecoins, die an Fiat-Währungen gebunden sind, dienen als stabile Wertaufbewahrungsmittel und erleichtern den Handel in DeFi-Plattformen. Darüber hinaus ermöglichen synthetische Vermögenswerte die Darstellung von realen Vermögenswerten wie Aktien oder Rohstoffen auf der Blockchain.

Governance-Token und dezentrale Autonomie: Viele DeFi-Plattformen verfügen über Governance-Token, die es den Inhabern ermöglichen, an Entscheidungen über Upgrades oder Änderungen der Plattform teilzunehmen. Dies fördert die dezentrale Autonomie und die aktive Beteiligung der Community.

Obwohl DeFi vielversprechende Vorteile bietet, darunter niedrigere Transaktionskosten, erhöhte Liquidität und Finanzinclusion, stehen auch Herausforderungen wie Sicherheitsbedenken, regulatorische Unsicherheiten und die Notwendigkeit einer breiten Akzeptanz durch die breite Öffentlichkeit im Vordergrund. Die Weiterentwicklung dieser dezentralen Finanzsysteme erfordert eine enge Zusammenarbeit zwischen Technologieentwicklern, Regulierungsbehörden und der Finanzbranche, um ein ausgewogenes und nachhaltiges Ökosystem zu schaffen.

Tokenisierung von Vermögenswerten

Die Tokenisierung von Vermögenswerten repräsentiert einen wegweisenden Trend in der Finanzbranche, der die traditionelle Art und Weise, wie Vermögenswerte repräsentiert und gehandelt werden, revolutioniert. Dieser Prozess, der auf der Blockchain-Technologie basiert, ermöglicht es physischen Vermögenswerten, wie Immobilien, Kunstwerken oder traditionellen Finanzinstrumenten, in digitale Token umgewandelt zu werden.

Liquide Märkte und globale Zugänglichkeit: Die Tokenisierung erleichtert den Handel mit Vermögenswerten auf globalen Märkten, da sie in digitale Tokens umgewandelt werden können. Dies schafft liquide Märkte und ermöglicht es Investoren, in Vermögenswerte zu investieren, die historisch gesehen weniger zugänglich waren.

24/7-Handel und schnelle Abwicklung: Digitale Tokens können jederzeit gehandelt werden, unabhängig von traditionellen Börsenöffnungszeiten. Die Blockchain ermöglicht eine schnelle und effiziente Abwicklung von Transaktionen, wodurch Liquidität und Flexibilität im Handel von tokenisierten Vermögenswerten gewährleistet werden.

Teilbare Anteile und breitere Beteiligung: Die Tokenisierung ermöglicht es, Vermögenswerte in kleinere Anteile zu zerlegen, die dann von einer breiteren Palette von Investoren erworben werden können. Dies fördert die Teilnahme von Kleinanlegern an Vermögenswerten, die zuvor nur großen institutionellen Investoren zugänglich waren.

Automatisierte Compliance durch Smart Contracts: Smart Contracts auf der Blockchain können automatisch bestimmte Compliance-Regeln und rechtliche Bedingungen programmieren. Dies vereinfacht den Handel und die Übertragung von tokenisierten Vermögenswerten und gewährleistet gleichzeitig die Einhaltung von Vorschriften.

Effiziente Verwaltung von Vermögenswerten: Die Tokenisierung ermöglicht eine effizientere Verwaltung von Vermögenswerten durch die Verwendung von Smart Contracts für Dividenden, Stimmrechte und andere Aspekte der Vermögensverwaltung. Dies führt zu geringeren Verwaltungskosten und einem transparenteren Prozess.

Demokratisierung des Investierens: Durch die Tokenisierung können Anleger in verschiedene Vermögenswerte investieren, ohne einen großen Kapitalbetrag aufbringen zu müssen. Dies fördert die Demokratisierung des Investierens und eröffnet neuen Zielgruppen die Möglichkeit, an verschiedenen Märkten teilzunehmen.

Sicherheit und Unveränderlichkeit: Die Sicherheit der Blockchain sorgt für Unveränderlichkeit und Nachvollziehbarkeit von Transaktionen, was das Vertrauen der Anleger stärkt. Die Tokenisierung bietet daher eine transparente und sichere Methode, um Vermögenswerte zu repräsentieren und zu handeln.

Während die Tokenisierung von Vermögenswerten neue Möglichkeiten für Investitionen und Handel schafft, stehen auch Herausforderungen wie regulatorische Anpassungen, Standardisierung und breitere Akzeptanz im Fokus. Eine enge Zusammenarbeit zwischen der Finanzbranche, Regulierungsbehörden und Technologieentwicklern wird entscheidend sein, um das volle Potenzial der Tokenisierung von Vermögenswerten zu realisieren.

Cross-Border-Zahlungen

Die traditionellen Herausforderungen von grenzüberschreitenden Zahlungen, wie hohe Kosten, langsame Abwicklung und Währungsumrechnungen, werden durch die Integration von Blockchain-Technologien in den Finanzsektor neu überdacht. Cross-Border-Zahlungen auf der Blockchain versprechen eine Effizienzsteigerung und Kosteneinsparungen, die die Abwicklung von finanziellen Transaktionen über Landesgrenzen hinweg erheblich verbessern.

Schnellere Transaktionsabwicklung: Die dezentrale Natur der Blockchain ermöglicht eine beschleunigte Abwicklung von grenzüberschreitenden Zahlungen im Vergleich zu traditionellen Bankensystemen. Transaktionen können in Echtzeit verarbeitet werden, unabhängig von den verschiedenen nationalen Bankensystemen.

Reduzierte Transaktionskosten: Die Beseitigung oder Reduzierung von Intermediären durch Blockchain-Technologien führt zu niedrigeren Transaktionskosten. Dies ist besonders relevant für kleinere Überweisungen, bei denen herkömmliche Banken oft hohe Gebühren erheben.

Währungsumrechnungen ohne Banken: Blockchain ermöglicht eine direkte peer-to-peer Währungsumrechnung ohne den Bedarf an zentralen Währungsumrechnungsdiensten. Durch die Verwendung von digitalen Assets oder Stablecoins können Nutzer Währungen direkt tauschen, ohne auf Fremdwährungskonten angewiesen zu sein.

24/7-Zugang und globale Verfügbarkeit: Die Blockchain-Technologie ermöglicht den 24/7-Zugang zu Finanztransaktionen, unabhängig von den üblichen Bankgeschäftszeiten. Dies verbessert die Verfügbarkeit von grenzüberschreitenden Zahlungen und erleichtert den Handel über verschiedene Zeitzonen hinweg.

Bessere Transparenz und Verfolgbarkeit: Jede Transaktion auf der Blockchain ist transparent und nachvollziehbar. Dies bedeutet, dass Sender und Empfänger den Fortschritt ihrer Transaktionen in Echtzeit verfolgen können. Die erhöhte Transparenz trägt zur Sicherheit und Vertrauensbildung bei.

Minimierung von Zahlungsrisiken: Blockchain reduziert das Risiko von Zahlungsstörungen und Fehlern, da Transaktionen automatisch und sicher abgewickelt werden. Smart Contracts können zudem dazu beitragen, Vereinbarungen zwischen den Parteien programmatisch zu erfüllen.

Finanzinclusion für internationale Märkte: Die verbesserte Zugänglichkeit von Blockchain-basierten Cross-Border-Zahlungen ermöglicht es auch Menschen in Regionen mit begrenztem Zugang zu traditionellen Finanzdienstleistungen, am globalen Handel teilzunehmen.

Obwohl die Vorteile von Cross-Border-Zahlungen auf der Blockchain vielversprechend sind, stehen noch Herausforderungen wie regulatorische Harmonisierung, Datenschutz und die Akzeptanz durch traditionelle Finanzinstitutionen im Vordergrund. Eine sorgfältige Integration und Zusammenarbeit zwischen den Akteuren im Finanzsektor sind entscheidend, um die volle Bandbreite der Möglichkeiten grenzüberschreitender Zahlungen auf der Blockchain zu realisieren.

KYC (Know Your Customer) und Identitätsmanagement

In der sich wandelnden Finanzlandschaft spielen KYC-Verfahren und Identitätsmanagement eine entscheidende Rolle, um Sicherheit, Compliance und Vertrauen in digitale Finanztransaktionen zu gewährleisten. Die Implementierung dieser Praktiken auf der Blockchain-Technologie verspricht eine verbesserte Effizienz und Sicherheit in Bezug auf die Identifizierung von Nutzern und die Verwaltung ihrer persönlichen Informationen.

Selbstbestimmte Identitäten auf der Blockchain: Blockchain ermöglicht es Nutzern, die Kontrolle über ihre persönlichen Identitätsdaten zu behalten. Selbstbestimmte Identitäten bedeuten, dass Individuen Zugang und Kontrolle über die Informationen gewähren können, die sie teilen möchten, ohne dass zentrale Behörden oder Institutionen zwischengeschaltet sind.

Sicherer Datenaustausch durch Verschlüsselung: Identitätsmanagement auf der Blockchain kann durch moderne Verschlüsselungstechniken und kryptografische Verfahren die Sicherheit von persönlichen Daten verbessern. Einmal erfasste Informationen können verschlüsselt und sicher über das Netzwerk übertragen werden.

Reduzierung von Betrug und Identitätsdiebstahl: Durch die Unveränderlichkeit von Daten auf der Blockchain und die dezentrale Speicherung wird das Risiko von Datenmanipulation und Identitätsdiebstahl minimiert. Die Authentizität von Identitätsinformationen kann leicht überprüft werden, wodurch Betrugsfälle reduziert werden.

Effiziente KYC-Prozesse: KYC-Verfahren, die auf der Blockchain basieren, können den Onboarding-Prozess für neue Kunden erheblich beschleunigen. Informationen, die einmal auf der Blockchain gespeichert sind, können von verschiedenen Finanzinstitutionen gemeinsam genutzt werden, wodurch Redundanzen vermieden werden.

Verbesserte Compliance durch Smart Contracts: Smart Contracts können automatisch KYC-Richtlinien und regulatorische Anforderungen durchsetzen. Dadurch wird sichergestellt, dass Finanztransaktionen den geltenden Vorschriften entsprechen und Compliance-Prüfungen effizienter durchgeführt werden können.

Erhöhte Privatsphäre und Anonymitätsoptionen: Blockchain ermöglicht auch die Integration von Privatsphäre-orientierten Lösungen, bei denen Nutzer die Möglichkeit haben, anonyme Transaktionen durchzuführen, ohne ihre persönlichen Daten preiszugeben. Dies kann besonders für bestimmte Finanzdienstleistungen von Vorteil sein.

Globaler Zugang zu Finanzdienstleistungen: Die Nutzung von Blockchain für KYC und Identitätsmanagement kann dazu beitragen, den Zugang zu Finanzdienstleistungen weltweit zu verbessern. Insbesondere Menschen ohne traditionelle Identitätsnachweise könnten von den neuen Möglichkeiten der digitalen Identitätsverwaltung profitieren.

Obwohl KYC und Identitätsmanagement auf der Blockchain eine vielversprechende Entwicklung darstellen, stehen noch Herausforderungen wie Datenschutzbedenken, Standardisierung und die Schaffung von internationalen Rahmenbedingungen für den reibungslosen Übergang zu diesen neuen Praktiken im Vordergrund. Eine enge Zusammenarbeit zwischen Finanzinstituten, Regulierungsbehörden und Technologieentwicklern ist erforderlich, um diese Herausforderungen anzugehen und gleichzeitig die Vorteile dieser Innovationen zu nutzen.

Diese neuen Geschäftsmodelle und Finanzdienstleistungen eröffnen nicht nur Möglichkeiten für Innovation und Effizienzsteigerung, sondern bringen auch Herausforderungen mit sich, darunter regulatorische Anpassungen, Sicherheitsaspekte und die Gewährleistung einer breiten gesellschaftlichen Teilnahme. Die Zukunft der Finanzbranche wird durch die kontinuierliche Entwicklung und Integration dieser Modelle geprägt sein, während sie sich an die sich verändernde Dynamik der globalen Finanzlandschaft anpasst.

Die Zukunft der Finanzbranche ohne Banken zeichnet sich

durch eine verstärkte Nutzung von Blockchain-Technologien, die Entstehung neuer Finanzinfrastrukturen und die Förderung von Dezentralisierung aus. Während diese Entwicklungen enorme Potenziale für Inklusion und Effizienz bieten, erfordern sie auch eine sorgfältige rechtliche Gestaltung, Sicherheitsmaßnahmen und regulatorische Anpassungen, um einen nachhaltigen und stabilen Finanzsektor zu gewährleisten.

KAPITEL 7:
FALLSTUDIEN

Die Integration von Blockchain-Technologien in den Finanzsektor hat zu einer Vielzahl von innovativen Anwendungen geführt. Im Rahmen von Fallstudien lassen sich konkrete Beispiele für erfolgreiche Umsetzungen und deren Auswirkungen aufzeigen.

Ripple und das Internet of Value (IoV)

Ripple, als wegweisendes Blockchain-Unternehmen, hat sich zum Ziel gesetzt, das Konzept des "Internet of Value" (IoV) zu realisieren. Das IoV strebt danach, den freien und nahtlosen Austausch von Werten weltweit zu ermöglichen, ähnlich wie das Internet Informationen miteinander verbindet. Ripple verfolgt dabei insbesondere die Optimierung und Vereinfachung grenzüberschreitender Zahlungen, die traditionell mit Herausforderungen wie hohen Kosten, langen Abwicklungszeiten und Ineffizienzen verbunden sind.

In der Umsetzung basiert Ripples Ansatz auf der Verwendung seiner eigenen Kryptowährung, dem sogenannten XRP. Das XRP Ledger dient als dezentrales System, um Transaktionen schnell und kostengünstig abzuwickeln. Ripple positioniert sich dabei nicht als Konkurrenz zu bestehenden Finanzinstituten, sondern vielmehr als Partner, der Banken und Zahlungsdienstleistern innovative Lösungen anbietet.

Die Blockchain-Technologie von Ripple ermöglicht es, traditionelle Zahlungsgrenzen zu überwinden. Durch den Einsatz von XRP als Brückenwährung kann Geld in Echtzeit zwischen verschiedenen Fiat-Währungen transferiert werden. Dieser Ansatz eliminiert die Notwendigkeit mehrerer Intermediäre und beschleunigt den Abwicklungsprozess erheblich.

Die Auswirkungen von Ripples IoV-Ansatz sind bereits in der Praxis erkennbar. Einige Finanzinstitute nutzen RippleNet, Ripples Netzwerk von Banken und Zahlungsdienstleistern, um ihre grenzüberschreitenden Zahlungsprozesse zu verbessern. Die Implementierung von Ripple hat dazu geführt, dass einige Banken Transaktionen schneller und kostengünstiger abwickeln können, wodurch gleichzeitig eine höhere Liquidität und Transparenz in den internationalen Zahlungsströmen entsteht.

Trotz dieser Erfolge stehen Herausforderungen wie regulatorische Unsicherheiten und die Notwendigkeit einer breiten Akzeptanz der Technologie weiterhin im Fokus. Dennoch bleibt Ripple ein bedeutender Akteur in der Weiterentwicklung des Internet of Value, indem es innovative Ansätze für effizientere und global vernetzte Finanztransaktionen vorantreibt.

Ethereum und Smart Contracts in der Dezentralen Finanzwelt (DeFi)

Ethereum, als eine der prominentesten Blockchain-Plattformen, hat durch die Einführung von Smart Contracts einen maßgeblichen Einfluss auf die Entwicklung der Dezentralen Finanzwelt (DeFi) ausgeübt. Smart Contracts sind selbstausführende Verträge, die auf der Ethereum-Blockchain basieren und programmierbare Bedingungen für finanzielle Vereinbarungen ermöglichen. In der DeFi-Welt haben diese Smart Contracts eine Schlüsselrolle bei der Schaffung innovativer Finanzinstrumente und Dienstleistungen gespielt.

Die Umsetzung von Ethereum in der DeFi-Sphäre erfolgt durch eine Vielzahl von Projekten, die auf der Plattform aufbauen. Beispielsweise ermöglicht Uniswap den dezentralen Austausch von Kryptowährungen, während Aave dezentrale Kreditvergabeplattformen bereitstellt. Diese Plattformen nutzen Smart Contracts, um Finanzdienstleistungen ohne die traditionellen Intermediäre wie Banken oder Broker bereitzustellen.

Die Auswirkungen von Ethereum und Smart Contracts in DeFi sind weitreichend. Die Dezentralisierung ermöglicht eine breitere Beteiligung an Finanzdienstleistungen, da Benutzer direkt auf Plattformen zugreifen können, ohne auf Dritte angewiesen zu sein. Darüber hinaus schafft die Automatisierung durch Smart Contracts Vertrauen und Transparenz, da alle Transaktionen und Vereinbarungen unveränderlich in der Ethereum-Blockchain festgehalten werden.

DeFi auf Ethereum hat zu einem signifikanten Anstieg der Liquidität auf dezentralen Börsen, der Schaffung von stabilen Kryptowährungen (Stablecoins) und der Entwicklung von komplexen Finanzinstrumenten wie Kreditderivate geführt. Dies ermöglicht es Nutzern weltweit, ohne Erlaubnis auf Finanzdienstleistungen zuzugreifen und ihre Krypto-Assets auf vielfältige Weise zu nutzen.

Trotz dieser Erfolge stehen jedoch Herausforderungen wie Sicherheitsbedenken, Risiken in der Programmierung von Smart Contracts und die Notwendigkeit einer breiteren Akzeptanz im Fokus. Die rasante Entwicklung von DeFi-Projekten auf Ethereum zeigt jedoch das enorme Potenzial dieser Technologien, traditionelle Finanzmodelle zu transformieren und eine neue Ära der globalen, dezentralen Finanzdienstleistungen zu gestalten.

Tokenisierung von Immobilien mit Propy

Propy, als Innovator in der Blockchain-Branche, hat sich auf die Tokenisierung von Immobilien spezialisiert, um den Immobilienmarkt zu digitalisieren und Investitionsmöglichkeiten zu erweitern. Die Tokenisierung von Immobilien durch Propy basiert auf der Nutzung von Blockchain-

Technologien, insbesondere Smart Contracts, um den Kauf, Verkauf und Handel von Immobilien in Form digitaler Tokens zu ermöglichen.

Der Prozess der Tokenisierung beginnt mit der Umwandlung von realen Vermögenswerten, wie Gebäuden oder Grundstücken, in digitale Tokens auf der Blockchain. Diese Tokens repräsentieren dann einen Bruchteil des Eigentums an der Immobilie und können auf einer Plattform wie Propy gehandelt werden. Diese Tokens sind oft durch Smart Contracts abgesichert, die die Bedingungen des Eigentums und den Handel automatisieren.

Die Umsetzung von Propy in der Tokenisierung von Immobilien bietet mehrere Vorteile. Erstens ermöglicht sie eine breitere Teilnahme am Immobilienmarkt, da Investoren nun in Anteile von Immobilien investieren können, ohne die gesamte Immobilie zu erwerben. Dies erleichtert den Zugang zu Immobilieninvestitionen, insbesondere für kleinere Investoren.

Zweitens schafft die Tokenisierung Liquidität auf dem Immobilienmarkt, indem sie den Handel von Tokens auf einer Plattform wie Propy ermöglicht. Im Vergleich zu traditionellen Märkten, in denen der Kauf oder Verkauf von Immobilien zeitaufwändig und komplex sein kann, ermöglicht die Tokenisierung einen schnellen und effizienten Handel von Anteilen an Immobilien.

Drittens erleichtert die Technologie von Propy die Automatisierung von Verträgen und Transaktionen, was zu einer effizienteren Abwicklung von Immobilientransaktionen führt. Dies trägt nicht nur zur Kostenreduktion bei, sondern minimiert auch menschliche Fehler und steigert die Transparenz des Prozesses.

Trotz dieser innovativen Entwicklungen stehen noch Herausforderungen wie regulatorische Anpassungen und die Akzeptanz traditioneller Akteure im Immobilienmarkt im Fokus. Die Weiterentwicklung der Tokenisierung von Immobilien mit Plattformen wie Propy trägt jedoch dazu bei, den Immobilienmarkt demokratischer zu gestalten, die Liquidität zu erhöhen und neue Horizonte für Immobilieninvestitionen zu eröffnen.

JPMorgan Chase und Quorum für Finanztransaktionen

JPMorgan Chase, eine der größten Banken weltweit, hat in Zusammenarbeit mit Microsoft eine eigene Blockchain-Plattform namens Quorum entwickelt, um die Effizienz von Finanztransaktionen zu steigern. Die Entwicklung von Quorum basiert auf der Ethereum-Blockchain, wobei jedoch Anpassungen und Erweiterungen vorgenommen wurden, um den spezifischen Anforderungen und Standards von JPMorgan gerecht zu werden.

Die Umsetzung von Quorum zielt darauf ab, verschiedene Aspekte des Finanzwesens zu verbessern, darunter Zahlungsabwicklungen, Handelsfinanzierung und die Sicherheit von Finanztransaktionen. Insbesondere setzt Quorum auf Smart Contracts, um die Automatisierung von Vertragsbedingungen und die Integration von Blockchain in verschiedene Finanzanwendungen zu ermöglichen.

Die Plattform hat mehrere Anwendungen im Finanzsektor, einschließlich der Nutzung von Quorum für die Abwicklung von Wertpapiertransaktionen und die Optimierung von Zahlungsprozessen. Die Dezentralisierung durch Blockchain reduziert dabei die Notwendigkeit von Intermediären und beschleunigt die Abwicklung von Transaktionen. Darüber hinaus verbessert Quorum die Sicherheit von Finanzdaten durch die dezentrale Speicherung und Verschlüsselung von Informationen auf der Blockchain.

Die Auswirkungen von JPMorgan Chases Einsatz von Quorum sind vielfältig. Die Implementierung der Plattform hat zu operativen Effizienzgewinnen geführt, indem sie die Komplexität und die Zeit, die für Finanztransaktionen benötigt werden, verringert hat. Die Anwendung von Quorum hat auch zu einer erhöhten Transparenz und Integrität von Finanzdaten beigetragen.

Trotz dieser Erfolge stehen Herausforderungen wie die Integration in bestehende Systeme, die Akzeptanz durch andere

Finanzinstitutionen und die Anpassung an sich ändernde regulatorische Anforderungen im Fokus. Dennoch bleibt Quorum ein bedeutender Schritt in Richtung der Einführung von Blockchain-Technologien im Finanzsektor und zeigt das Potenzial dieser Technologie, traditionelle Finanzmodelle zu transformieren und die Effizienz von Finanztransaktionen zu steigern.

Diese Fallstudien veranschaulichen, wie Blockchain-Technologien in verschiedenen Bereichen des Finanzsektors erfolgreich implementiert wurden. Die gewonnenen Erkenntnisse aus diesen Projekten tragen dazu bei, die Potenziale und Herausforderungen der Blockchain-Integration weiter zu verstehen und können als Wegweiser für zukünftige Entwicklungen dienen.

KAPITEL 8: RISIKEN UND SICHERHEIT

Die Integration von Blockchain-Technologien im Finanzsektor bringt nicht nur innovative Möglichkeiten mit sich, sondern birgt auch bestimmte Risiken und Sicherheitsaspekte, die sorgfältig berücksichtigt werden müssen. Die Identifizierung und Bewältigung dieser Herausforderungen sind entscheidend, um das Vertrauen der Akteure im Finanzwesen zu gewinnen und die breite Akzeptanz dieser Technologien zu fördern.

Smart Contract-Sicherheit

Die Implementierung von Smart Contracts, selbstausführenden Verträgen auf Blockchain-Plattformen wie Ethereum, hat den Weg für innovative und automatisierte Finanztransaktionen geebnet. Allerdings birgt die Nutzung von Smart Contracts auch spezifische Sicherheitsrisiken, die sorgfältig adressiert werden müssen, um potenzielle Schwachstellen zu minimieren.

Code-Qualität und Audits:
- *Risiken:* Fehler oder Schwachstellen im Code von Smart Contracts können zu erheblichen finanziellen Verlusten führen. Ein fehlerhafter Smart Contract kann nicht nachträglich korrigiert werden, da Blockchain-Transaktionen unveränderlich sind.

- *Sicherheit:* Umfassende Überprüfungen und Audits durch qualifizierte Experten vor der Bereitstellung eines Smart Contracts sind entscheidend. Die Verwendung bewährter Programmierpraktiken und die Einhaltung von Standards wie dem Ethereum Smart Contract Best Practices Guide sind empfehlenswert.

Reentrancy-Angriffe:
- *Risiken:* Reentrancy-Angriffe können auftreten, wenn ein Smart Contract während der Ausführung einen nicht vertrauenswürdigen externen Vertrag aufruft. Dadurch könnten Angreifer unerwünschte Aktionen ausführen.
- *Sicherheit:* Implementierung von Mechanismen wie dem Checks-Effects-Interactions-Muster und der Verwendung von Gas-Grenzen, um unerwünschte Vertragsaufrufe zu verhindern.

Front-Running:
- *Risiken:* Front-Running tritt auf, wenn ein Angreifer Transaktionen vor einer beabsichtigten Transaktion ausführt und somit den Marktpreis beeinflussen kann.
- *Sicherheit:* Nutzung von Mechanismen wie "commit-reveal" und "timestamped commit" zur Minimierung von Front-Running-Risiken.

Oracle-Manipulation:
- *Risiken:* Smart Contracts, die externe Daten durch Oracles abrufen, sind anfällig für Manipulationen dieser Datenquelle.
- *Sicherheit:* Verwendung von vertrauenswürdigen und sicheren Oracles sowie die Implementierung von Mechanismen zur Überprüfung und Validierung der von Oracles bereitgestellten Daten.

Upgradefähigkeit und Vertragsänderungen:
- *Risiken:* Upgrades oder Änderungen an einem Smart Contract können unvorhergesehene Konsequenzen haben und das Vertrauen der Benutzer beeinträchtigen.

- *Sicherheit:* Implementierung von transparenten Upgrade-Mechanismen und die Bereitstellung von klaren Informationen über mögliche Vertragsänderungen.

Vertragliche Bedingungen und Rückgängigmachung:
- *Risiken:* Die Unveränderlichkeit von Smart Contracts macht es schwierig, vertragliche Bedingungen nachträglich zu ändern oder Transaktionen rückgängig zu machen.
- *Sicherheit:* Klare Definition und umfassende Überprüfung der vertraglichen Bedingungen, sowie Implementierung von Rückgängigmachungsmechanismen, wenn erforderlich.

Die Sicherheit von Smart Contracts erfordert eine proaktive und durchdachte Herangehensweise, die von der Entwicklung über die Implementierung bis hin zur laufenden Überwachung reicht. Durch kontinuierliche Forschung, Schulung und Zusammenarbeit innerhalb der Blockchain-Community können bewährte Sicherheitspraktiken entwickelt und weiterentwickelt werden, um das Vertrauen in diese automatisierten Vertragsmechanismen zu stärken.

Private Schlüssel und Zugangskontrolle

Die Sicherheit von Kryptowährungen und Blockchain-basierten Assets beruht maßgeblich auf der sicheren Verwaltung und Aufbewahrung der privaten Schlüssel. Private Schlüssel dienen als digitaler Zugang zu den auf der Blockchain gespeicherten Vermögenswerten und müssen daher besonders geschützt werden. Zugleich ist die effektive Kontrolle über den Zugang zu diesen Schlüsseln von entscheidender Bedeutung, um unbefugten Zugriff und potenzielle Risiken zu verhindern.

Verlust oder Kompromittierung von Privatschlüsseln:
- *Risiken:* Der Verlust oder die Kompromittierung eines privaten Schlüssels kann den Zugang zu digitalen Assets unwiederbringlich gefährden.
- *Sicherheit:* Sicherer Speicherort für private Schlüssel, wie Hardware Wallets oder verschlüsselte Software Wallets.

Regelmäßige Backups und die Vermeidung der Speicherung von Schlüsseln auf unsicheren Geräten sind essentiell.

Multi-Signature-Technologien:
- *Risiken:* Single-Point-of-Failure-Szenarien können durch den Verlust oder die Kompromittierung eines einzigen Schlüssels entstehen.
- *Sicherheit:* Einsatz von Multi-Signature-Technologien, bei denen mehrere private Schlüssel erforderlich sind, um Transaktionen zu autorisieren. Dies verteilt das Risiko und erhöht die Sicherheit.

Verschlüsselung und Passwortschutz:
- *Risiken:* Unbefugter physischer oder digitaler Zugriff auf den Speicherort der privaten Schlüssel.
- *Sicherheit:* Verwendung von Verschlüsselung und Passwortschutz für die Speicherung von privaten Schlüsseln. Die Kombination aus physischer und digitaler Sicherheit, beispielsweise durch Hardware Wallets mit PIN-Codes, bietet eine zusätzliche Sicherheitsebene.

Sicherheitsbewusstsein der Benutzer:
- *Risiken:* Fehlendes Bewusstsein für Sicherheitspraktiken kann zu Fahrlässigkeiten führen, wie dem Teilen von privaten Schlüsseln oder unsicheren Passwörtern.
- *Sicherheit:* Aufklärung und Schulung der Benutzer über bewährte Sicherheitspraktiken. Sensibilisierung für die Wichtigkeit der privaten Schlüssel und die Folgen von Fahrlässigkeiten.

Notfallwiederherstellungspläne:
- *Risiken:* Fehlende Pläne für den Umgang mit Verlust oder Beschädigung von Schlüsseln können zu dauerhaftem Vermögensverlust führen.
- *Sicherheit:* Erstellung von Notfallwiederherstellungsplänen, die klare Schritte für den Umgang mit verlorenen oder beschädigten privaten Schlüsseln definieren. Dies kann die

Wiederherstellung von Vermögenswerten erleichtern.

Die Sicherheit von privaten Schlüsseln und die effektive Zugangskontrolle sind grundlegende Prinzipien im Blockchain-Ökosystem. Durch die Implementierung robuster Sicherheitspraktiken und die kontinuierliche Schulung der Benutzer können Risiken minimiert und das Vertrauen in die Sicherheit von Blockchain-Assets gestärkt werden.

Regulatorische Unsicherheiten

Die Integration von Blockchain-Technologien und Kryptowährungen im Finanzsektor steht vor einer Vielzahl von regulatorischen Herausforderungen, die eine globale Akzeptanz und umfassende Implementierung beeinträchtigen können. Die rasante Entwicklung dieser Technologien hat Regulierungsbehörden weltweit vor neue Herausforderungen gestellt, da sie versuchen, angemessene Rahmenbedingungen zu schaffen, die Innovationen fördern und gleichzeitig Anlegerschutz und finanzielle Stabilität gewährleisten.

Unklare Rechtslage:
- *Risiken:* Die sich schnell verändernde Natur von Blockchain und Kryptowährungen macht es schwer, eine klare und kohärente rechtliche Struktur zu etablieren.
- *Herausforderungen:* Unterschiedliche Rechtsauffassungen und Definitionen von Kryptowährungen in verschiedenen Jurisdiktionen können zu Unsicherheiten und rechtlichen Grauzonen führen.

Mangelnde Harmonisierung:
- *Risiken:* Fehlende Harmonisierung zwischen den nationalen und internationalen Gesetzen erschwert die grenzüberschreitende Nutzung von Blockchain-Technologien.
- *Herausforderungen:* Unterschiedliche regulatorische Ansätze in verschiedenen Ländern können zu Compliance-Herausforderungen führen und die grenzüberschreitende Interoperabilität behindern.

Langsame Gesetzgebung:
- *Risiken:* Die rasante Entwicklung von Blockchain-Technologien überholt häufig die Geschwindigkeit, mit der Gesetzgeber neue Gesetze und Vorschriften verabschieden können.
- *Herausforderungen:* Die Zeit, die für die Gesetzgebung benötigt wird, kann zu Unsicherheiten und Verzögerungen bei der Anpassung an neue Technologien führen.

Token-Klassifizierung:
- *Risiken:* Die Klassifizierung von Token und Kryptowährungen als Wertpapiere, Rohstoffe oder Währungen unterliegt unterschiedlichen Interpretationen.
- *Herausforderungen:* Eine klare und konsistente Klassifizierung ist entscheidend, um rechtliche Anforderungen und steuerliche Implikationen zu definieren und zu verstehen.

Anleger- und Verbraucherschutz:
- *Risiken:* Unzureichende Schutzmechanismen für Anleger und Verbraucher können zu Betrug, Marktmanipulation und finanziellen Verlusten führen.
- *Herausforderungen:* Die Entwicklung wirksamer Schutzmechanismen erfordert eine ausgewogene Regulierung, die Innovationen nicht behindert, aber gleichzeitig vor Missbrauch schützt.

AML (Anti Money Laundering) und KYC (Know Your Customer):
- *Risiken:* Die Pseudonymität von Kryptowährungen erschwert die Durchsetzung von Anti-Geldwäsche- und Kundenidentifikationsvorschriften.
- *Herausforderungen:* Die Entwicklung von effektiven AML- und KYC-Mechanismen erfordert eine Balance zwischen Privatsphäre und regulatorischen Anforderungen.

Die Bewältigung regulatorischer Unsicherheiten erfordert eine enge Zusammenarbeit zwischen der Blockchain-Industrie, Regulierungsbehörden und anderen Interessengruppen. Der Dialog zwischen diesen Akteuren ist entscheidend, um klare und umfassende Rahmenbedingungen zu schaffen, die die Vorteile von Blockchain-Technologien maximieren und gleichzeitig die Integrität des Finanzsystems gewährleisten.

Netzwerksicherheit und 51%-Angriffe

Die Sicherheit von Blockchain-Netzwerken ist von zentraler Bedeutung, um die Integrität, Transparenz und Widerstandsfähigkeit gegenüber Angriffen zu gewährleisten. Ein spezifisches Risiko, dem Blockchain-Netzwerke ausgesetzt sind, ist der sogenannte 51%-Angriff. Diese Angriffsform bezieht sich auf die Kontrolle von mehr als 50% der Rechenleistung (Hashrate) eines Blockchain-Netzwerks durch einen einzelnen oder verbündeten Miner oder Mining-Pool.

Mehrheit der Rechenleistung:
- *Risiken:* Ein Angreifer mit mehr als 50% der Hashrate hat die Kontrolle über die Mehrheit der neuen Transaktionen und kann die Blockchain nach Belieben manipulieren.
- *Sicherheit:* Die Verteilung der Rechenleistung auf viele verschiedene Miner oder Mining-Pools minimiert das Risiko eines 51%-Angriffs.

Double Spending:
- *Risiken:* Ein Angreifer kann bei einem erfolgreichen 51%-Angriff Transaktionen rückgängig machen und die gleichen Mittel mehrfach ausgeben (Double Spending).
- *Sicherheit:* Die Bestätigung von Transaktionen durch mehrere Blöcke und die Verwendung von Konsensmechanismen wie Proof-of-Work helfen, das Risiko von Double Spending zu minimieren.

Anreizstruktur:
- *Risiken:* Eine unzureichende Anreizstruktur könnte Miner

dazu verleiten, sich zu verbünden und die Kontrolle über die Mehrheit der Hashrate zu erlangen.

- *Sicherheit:* Eine angemessene Belohnungsstruktur und die Verwendung von Konsensmechanismen, die wirtschaftliche Anreize für ehrliches Verhalten bieten, stärken die Netzwerksicherheit.

Dezentralisierung fördern:

- *Risiken:* Zentralisierte Mining-Pools könnten das Risiko eines 51%-Angriffs erhöhen, wenn sie zu viel Rechenleistung kontrollieren.

- *Sicherheit:* Die Förderung von dezentralisiertem Mining und die Implementierung von Mechanismen, die die Macht einzelner Miner oder Mining-Pools begrenzen, sind wichtige Schritte zur Verbesserung der Netzwerksicherheit.

Weiterentwicklung der Konsensmechanismen:

- *Risiken:* Veraltete Konsensmechanismen könnten anfällig für neue Angriffsmethoden werden.

- *Sicherheit:* Die kontinuierliche Forschung und Weiterentwicklung von Konsensmechanismen, wie zum Beispiel der Übergang von Proof-of-Work zu Proof-of-Stake, können die Netzwerksicherheit verbessern.

Notfallpläne und Governance:

- *Risiken:* Ein Mangel an Notfallplänen und klaren Governance-Strukturen kann die Reaktion auf einen 51%-Angriff erschweren.

- *Sicherheit:* Die Implementierung von klaren Notfallplänen, die schnelle Entscheidungen und Maßnahmen ermöglichen, sowie transparente Governance-Strukturen stärken die Netzwerksicherheit.

Die fortlaufende Forschung, die Implementierung bewährter Sicherheitspraktiken und die Förderung von dezentralisierten Strukturen sind entscheidend, um die Netzwerksicherheit von Blockchain-Plattformen zu gewährleisten und das Risiko von

51%-Angriffen zu minimieren.

Datenschutz und Anonymität

Die Integration von Blockchain-Technologien bringt eine neue Dimension von Datenschutz und Anonymität in den Finanzsektor. Während die transparente Natur von Blockchain die Integrität von Transaktionen stärkt, wirft sie gleichzeitig Fragen bezüglich des Schutzes personenbezogener Daten und der Wahrung der Privatsphäre auf.

Pseudonymität:
- *Datenschutz:* Kryptowährungen und viele Blockchain-Transaktionen sind pseudonym, da sie nicht direkt mit Identitäten, sondern mit kryptographischen Adressen verbunden sind.
- *Anonymität:* Pseudonymität ermöglicht gewisse Anonymität, da Transaktionen nicht unmittelbar mit realen Personen in Verbindung gebracht werden können.

Privatsphäre-Herausforderungen:
- *Datenschutz:* Die öffentliche und unveränderliche Natur von Blockchain-Daten stellt eine Herausforderung für den Schutz sensibler Informationen dar.
- *Anonymität:* Eine unzureichende Privatsphäre kann dazu führen, dass Transaktionen verfolgt und analysiert werden, wodurch die Anonymität beeinträchtigt wird.

Privacy Coins und Datenschutz-Token:
- *Datenschutz:* Spezielle Kryptowährungen, auch als Privacy Coins bekannt, wurden entwickelt, um verbesserten Datenschutz durch fortschrittliche kryptographische Techniken zu bieten.
- *Anonymität:* Datenschutz-Token ermöglichen es Benutzern, den Grad der Anonymität zu steuern und Transaktionen nach Bedarf zu verschleiern.

Zero-Knowledge-Proofs:

- *Datenschutz:* Zero-Knowledge-Proofs ermöglichen die Bestätigung der Richtigkeit einer Aussage, ohne die genaue Information preiszugeben.

- *Anonymität:* Durch die Anwendung von Zero-Knowledge-Proofs kann die Authentifizierung erfolgen, ohne sensible Details zu offenbaren, wodurch die Anonymität gewahrt wird.

Regulatorische Herausforderungen:

- *Datenschutz:* Regulierungsbehörden fordern oft die Identifizierung von Benutzern für Anti-Geldwäsche (AML) und Know Your Customer (KYC).

- *Anonymität:* Die Balance zwischen Datenschutz und regulatorischen Anforderungen erfordert klare Richtlinien und Standards, um die Anonymität zu wahren.

Selbstverwaltete Identitäten:

- *Datenschutz:* Die Einführung von selbstverwalteten Identitäten auf der Blockchain ermöglicht es Benutzern, mehr Kontrolle über ihre persönlichen Informationen zu haben.

- *Anonymität:* Selbstverwaltete Identitäten können die Anonymität schützen, indem sie Benutzern die Möglichkeit geben, bestimmte Informationen nur bei Bedarf preiszugeben.

Bewusstseinsbildung und Schulung:

- *Datenschutz:* Ein Mangel an Bewusstsein und Verständnis für Datenschutz in der Blockchain-Community kann zu Fahrlässigkeiten führen.

- *Anonymität:* Bildungsinitiativen, die Benutzer über bewährte Praktiken für den Datenschutz und die Wahrung der Anonymität aufklären, sind entscheidend.

Die Herausforderung besteht darin, einen ausgewogenen Ansatz zu finden, der die Privatsphäre der Benutzer respektiert, gleichzeitig aber auch den regulatorischen Anforderungen gerecht wird. Die kontinuierliche Forschung und Entwicklung von Technologien, die Datenschutz und Anonymität stärken, sowie eine offene Diskussion über ethische und rechtliche

Rahmenbedingungen sind entscheidend, um die Chancen dieser innovativen Technologien voll auszuschöpfen.

Fehlende Standardisierung

In der Welt der Blockchain-Technologie und Kryptowährungen besteht eine der zentralen Herausforderungen in der mangelnden Standardisierung. Das Fehlen einheitlicher Standards führt zu Inkompatibilitäten zwischen verschiedenen Plattformen, Protokollen und Anwendungen, was die Interoperabilität erschwert und die breite Akzeptanz sowie effiziente Nutzung dieser Technologien behindern kann.

Protokollvielfalt:
- *Herausforderungen:* Es existieren zahlreiche Blockchain-Protokolle mit unterschiedlichen Merkmalen, Konsensmechanismen und Smart-Contract-Implementierungen.
- *Konsequenzen:* Diese Diversität erschwert die nahtlose Zusammenarbeit zwischen verschiedenen Blockchain-Plattformen und erschwert die Entwicklung von Anwendungen, die auf mehreren Protokollen laufen können.

Token-Standards:
- *Herausforderungen:* Unterschiedliche Token-Standards, wie ERC-20, ERC-721 oder BEP-2, führen zu Inkompatibilitäten bei der Entwicklung von Token und Smart Contracts.
- *Konsequenzen:* Entwickler müssen Anpassungen vornehmen, um verschiedene Token-Standards zu unterstützen, was zu erhöhtem Entwicklungsaufwand und möglichen Fehlern führt.

Interoperabilität zwischen Blockchains:
- *Herausforderungen:* Die fehlende Interoperabilität zwischen verschiedenen Blockchains erschwert den reibungslosen Austausch von Werten und Informationen über unterschiedliche Plattformen hinweg.
- *Konsequenzen:* Die Fragmentierung des Ökosystems führt zu isolierten Blockchain-Netzwerken, die Schwierigkeiten bei

der Zusammenarbeit und der Schaffung eines einheitlichen Finanzökosystems bereiten.

Smart-Contract-Kompatibilität:
- *Herausforderungen:* Unterschiede in der Programmiersprache und den Funktionen von Smart Contracts führen zu Inkompatibilitäten zwischen verschiedenen Plattformen.
- *Konsequenzen:* Entwickler müssen Smart Contracts neu schreiben oder anpassen, um sie auf unterschiedlichen Plattformen auszuführen, was zusätzliche Zeit und Ressourcen erfordert.

Datenstandards und Austauschprotokolle:
- *Herausforderungen:* Fehlende Standards für den Austausch von Daten zwischen verschiedenen Blockchain-Netzwerken und Anwendungen.
- *Konsequenzen:* Daten werden möglicherweise nicht nahtlos zwischen verschiedenen Plattformen geteilt, was die Effizienz und den Informationsfluss beeinträchtigen kann.

Regulatorische Standards:
- *Herausforderungen:* Unterschiedliche regulatorische Standards und Ansätze weltweit können zu Unsicherheiten und Ineffizienzen führen.
- *Konsequenzen:* Unternehmen und Entwickler müssen sich an unterschiedliche Vorschriften anpassen, was zusätzlichen Aufwand und möglicherweise rechtliche Unsicherheiten verursacht.

Die Schaffung von einheitlichen Standards ist entscheidend, um die Skalierbarkeit, Interoperabilität und Adaption von Blockchain-Technologien zu fördern. Die Zusammenarbeit zwischen der Industrie, Entwicklergemeinschaften und Regulierungsbehörden ist notwendig, um standardisierte Protokolle und Schnittstellen zu etablieren, die das volle Potenzial dieser Technologien entfalten können.

Die Berücksichtigung und proaktive Bewältigung dieser Risiken sind entscheidend, um das volle Potenzial der Blockchain-Technologie im Finanzsektor zu entfalten. Eine kontinuierliche Zusammenarbeit zwischen Technologieentwicklern, Finanzinstituten und Regulierungsbehörden ist erforderlich, um eine sichere und effiziente Nutzung dieser innovativen Technologien zu gewährleisten.

KAPITEL 9: FAZIT

Die Blockchain-Technologie hat zweifellos das Potenzial, die Finanzbranche nachhaltig zu transformieren, indem sie Effizienzsteigerungen, Dezentralisierung und neue Geschäftsmodelle ermöglicht. Das Buch "Blockchain statt Banken: Die Revolution im Finanzsektor" beleuchtet die verschiedenen Aspekte dieser Transformation und wirft einen Blick auf die Herausforderungen und Chancen, die sich daraus ergeben.

In der Einleitung wurde der Hintergrund der Finanzbranche skizziert, der von zentralisierten Systemen, hohen Kosten und begrenztem Zugang für bestimmte Bevölkerungsgruppen geprägt ist. Der Aufstieg der Blockchain-Technologie wurde als vielversprechende Alternative vorgestellt, um diese Herausforderungen zu überwinden.

Im Abschnitt "Grundlagen der Blockchain" wurden die zentralen Konzepte erläutert, darunter die Definition von Blockchain, ihre Funktionsweise und die Rolle von Kryptowährungen als Treiber für die Blockchain-Adoption.

Die Herausforderungen des traditionellen Bankwesens wurden im nächsten Abschnitt beleuchtet, wobei zentralisierte Systeme und ihre Schwächen sowie die Risiken von Banken und Finanzinstituten im Fokus standen. Es wurde auch die Notwendigkeit für Veränderung und Innovation betont.

Im Teil "Blockchain-Anwendungen im Finanzsektor" wurden verschiedene Anwendungen wie Kryptowährungen und digitale

Zahlungen, Smart Contracts, dezentrale Finanzdienstleistungen (DeFi), Tokenisierung von Vermögenswerten und Cross-Border-Zahlungen behandelt. Die Auswirkungen auf das traditionelle Bankwesen wurden in den Bereichen Dezentralisierung, Effizienzsteigerung, Kostenreduktion und neuen Geschäftsmodellen vertieft.

Regulatorische Anpassungen und rechtliche Aspekte wurden im Abschnitt "Regulierung und rechtliche Aspekte" behandelt, wobei Themen wie die Klassifizierung von Kryptowährungen als Rechtsobjekte, Geldwäschebekämpfung (AML) und Identitätsprüfung (KYC), sowie die Regulierung von Smart Contracts und ICOs im Fokus standen.

Der Abschnitt "Die Zukunft der Finanzbranche ohne Banken" untersuchte die Auswirkungen von Dezentralisierung, Effizienzsteigerung und neuen Geschäftsmodellen. Herausforderungen für die traditionelle Sicherheitsinfrastruktur und Veränderungen in der Kundenbeziehung wurden ebenfalls beleuchtet, während die Notwendigkeit für Innovation und Anpassung betont wurde. Regulatorische Anpassungen wurden als Schlüsselfaktor für die Schaffung einer nachhaltigen und akzeptierten Blockchain-Finanzlandschaft identifiziert.

Im Abschnitt "Regulierung und rechtliche Aspekte" wurden spezifische rechtliche Aspekte behandelt, darunter die Klassifizierung von Kryptowährungen als Rechtsobjekte, Geldwäschebekämpfung (AML) und Identitätsprüfung (KYC), Regulierung von Smart Contracts, steuerliche Implikationen, Regulierung von ICOs und Token Sales, Datenschutz und Privatsphäre, Interoperabilität und Standardisierung sowie Haftung und Verantwortlichkeit.

Abschließend wurden verschiedene Fallstudien beleuchtet, darunter Ripple und das Internet of Value (IoV), Ethereum und Smart Contracts in der Dezentralen Finanzwelt (DeFi), Tokenisierung von Immobilien mit Propy sowie JPMorgan Chase und Quorum für Finanztransaktionen.

Insgesamt bietet das Buch einen umfassenden Einblick in die Welt der Blockchain-Technologie im Finanzsektor, hebt die Chancen hervor und macht auf die Herausforderungen aufmerksam, die bei der Verwirklichung dieses revolutionären Wandels berücksichtigt werden müssen. Es betont die Bedeutung von Standardisierung, regulatorischen Anpassungen und kontinuierlicher Innovation für eine erfolgreiche Integration von Blockchain im Finanzwesen.

ANHANG

1. *Blockchain:* Eine dezentrale und verteilte digitale Datenbank, die Informationen in Blöcken speichert und durch Kryptographie miteinander verknüpft.

2. *Kryptowährung:* Eine digitale oder virtuelle Währung, die Kryptographie für Sicherheit verwendet und auf der Blockchain-Technologie basiert.

3. *Smart Contract:* Selbstausführende Verträge, die auf Blockchain-Plattformen ausgeführt werden und automatisch Aktionen basierend auf vordefinierten Bedingungen auslösen können.

4. *Dezentrale Finanzdienstleistungen (DeFi):* Finanzdienstleistungen, die auf Blockchain und Kryptowährungen basieren und traditionelle Finanzintermediäre umgehen.

5. *AML (Anti Money Laundering):* Maßnahmen zur Verhinderung von Geldwäsche, die von Finanzinstituten und Regulierungsbehörden implementiert werden.

6. *KYC (Know Your Customer):* Prozesse, bei denen Finanzinstitute die Identität ihrer Kunden überprüfen, um Geldwäsche und illegale Aktivitäten zu verhindern.

7. *ICO (Initial Coin Offering):* Eine Methode zur Kapitalbeschaffung, bei der neue Kryptowährungen durch den Verkauf von Token an Investoren eingeführt werden.

8. *Zero-Knowledge-Proofs:* Ein kryptografischer Beweis, bei dem eine Partei einem anderen beweisen kann, dass sie eine Aussage kennt, ohne die genaue Information preiszugeben.

Ressourcen:

1. Nakamoto, S. (2008). "Bitcoin: A Peer-to-Peer Electronic Cash System." https://bitcoin.org/bitcoin.pdf

2. Antonopoulos, A. M. (2014). "Mastering Bitcoin: Unlocking Digital Cryptocurrencies." O'Reilly Media.

3. Tapscott, D., & Tapscott, A. (2016). "Blockchain Revolution: How the Technology Behind Bitcoin and Other Cryptocurrencies is Changing the World." Penguin.

Weiterführende Literatur:

1. Narayanan, A., Bonneau, J., Felten, E., Miller, A., & Goldfeder, S. (2016). "Bitcoin and Cryptocurrency Technologies: A Comprehensive Introduction." Princeton University Press.

2. Swan, M. (2015). "Blockchain: Blueprint for a New Economy." O'Reilly Media.

3. Casey, M. J., & Vigna, P. (2018). "The Truth Machine: The Blockchain and the Future of Everything." St. Martin's Press.

Empfohlene Websites:

1. https://www.coindesk.com/
2. https://cointelegraph.com/
3. https://www.ethereum.org/
4. https://ripple.com/

Danksagung:

Wir möchten uns bei allen Experten, Autoren und Forschern bedanken, die dazu beigetragen haben, dieses Buch mit ihrem Fachwissen und ihrer Hingabe zu gestalten. Ihre Beiträge haben dazu beigetragen, ein umfassendes Verständnis für die Thematik zu schaffen.